새내기 직장인을 위한
수다노트

2009년 3월 16일 초판 1쇄 발행

지은이 이재훈 | **펴낸이** 오진현 | **펴낸곳** 글나무

서울 · 중구 저동 2가 78번지 비즈센터 905호
전화 | 02-2272-6006, 팩스 | 02-2277-6685
등록 | 1988년 9월 9일(제2-672호)

ISBN 978-89-91356-42-9 03810

정가 7,000원

돈, 직장, 인생 수업이야기 63편!

새내기 직장인을 위한 수다 노트

| 이재훈 지음

글나무

“수다떨기 전 프롤로그”

*사회에 진출하여 직장생활을 시작할 때 일반직장인들은 어떻게 생활했을까? 그 중 저자가 생활했던 직장생활은 어떤 것이었을까? 평범한 직장인 보다 다소 굴곡진 생활을 했던 자가 새내기에게 무엇을 주려고 하는 것일까?

어떤 강의든 어떤 책이든 많은 것보다는 중요한 몇 가지만 느끼고 내 것을 만들어도 본전을 뽑았다라고 할 수 있다. 따라서 초보사회인들에게 각 부문에서 필요한 몇 가지만을 주려고 다소 무겁지 않게 세상사에서 겪고 느낀 바를 글로 옮겨 보았다.

30년 전이나 그 후 30년 후나 직장인들이 겪는 실수는 비슷하다. 이를 간접경험을 통해 줄일 수 있다면 성공적인 돈, 직장, 인생이 되지 않을까 생각한다.

20년 전 대학원을 마치고 유학을 포기한 채 입사하여 일선영업점에서 처음 업무를 시작하였다. 사표도 몇 번 고려할 정도로 어려운 시기였다. 상상했던 것보다 몇 배나 힘든 업무였다. 근 3여 년을

12시 전에 퇴근해본 적이 손가락으로 꼽을 정도로 적었다. 그래도 잘 적응하며 힘차게 견디며 여기까지 왔다.

입사 초기 우연히 얻어걸린 복으로 돈을 벌었고, 그 다음은 무식한자가 용감하다고 세상 무서운 줄 모르고 욕심을 부려 한 때 많은 재산을 만들기도 하였지만, 그 재산을 잃는 데는 불과 몇 초도 걸리지 않는 일들을 겪었다. 그러나 재산을 잃게 만든 것이 경기침체도 아니고 정부정책의 잘못도 아니었다. 오로지 원인은 나에게 있었으니 그것은 바로 무지와 탐욕이 가져온 결과였던 것이다.

모든 사람들이 똑같이 잘 살면 얼마나 좋을까? 이런 바람이 실현 가능성이 적다는 것을 직장인들은 잘 안다. 모두가 사장이 되면 얼마나 좋을까? 라는 말과 같기 때문이다.

그러나 모두가 부자 되는 방법은 있다. 돈 부자 뿐만 아니라 다방면에서 부자를 인정하면 된다. 부자는 여러 가지 형태다. 돈 부자, 땅 부자, 주식부자, 마음부자, 직장생활 잘하는 부자, 가정이 화목한 부자, 자식농사 잘 지은 부자, 자기계발 잘하는 부자 등등 다양한 형태만큼이나 많다. 또 행복을 느끼는 것도 돈을 많이 벌었을 때도 아니고, 홀랑 까먹을 때도 아니었다.

지금에서야 깨달은 것은 부자와 행복의 척도도 자신의 욕망의 크기와 가치 기준에 달려 있다는 것이다.

재기하여 다시 뒤를 돌아보았을 때 후배들에게는 이런 시련을 겪지 않도록 해야겠구나 하는 일종의 책임감을 느끼게 되었다.

이 수다노트를 통하여 소박하면서도 행복한 부자가 되어 돈만 많은 부자들이 오히려 나를 부러워하는 참 부자가 되길 바란다.

이 책을 기꺼이 출판해주신 사장님께 감사드리며, 부모님과 지금까지 인생의 동반자로서 인내하고 가족의 행복을 위해 애써 온 아내와 잘 커준 세 딸에게도 고마움을 전한다.

직장 20년차 모든 것에 감사하며…

저자 이재훈

CONTENTS

제1편

돈? 조용히 그리고 꾸준히 벌자 절대 사고치지 말고.

제2편

때로는 홀랑 벗고 다시 생각해 보라.

제3편

직장인의 성공 마인드는 딱 한가지 늘 웃으며 즐기는 것이다.

제4편

그저 용서하라 그래야 서로의 마음이 따뜻해진다.

제5편

이제 다시 한 번 생각해보자.

1편

돈? 조용히
그리고 꾸준히 벌자,
절대 사고치지 말고

001 돈에 대한 수다

앞선 자들의 경험을 통해 교훈을 얻자. 수업료를 가장 적게 들이는 방법이다. 그리고 돈이 주는 화려함보다 고독함에 더 주의를 기울여라 돈의 소중함을 깨닫게 된다.

우리는 하루도 돈과 연관 짓지 않고는 살아갈 수 없다. '돈돈돈'하니까 싸구려 티 난다고? 아니다. 돈은 매우 신성한 것이다. 우리의 노동의 대가이기 때문이다. 회사에서 주는 급여도 열심히 일한 노동의 대가를 돈으로 환산하여 주는 것이 분명한데 너무 아닌 척 하지 말라. 당신의 마음 속에도 돈이 주는 가치를 느끼는 것은 별반 다르지 않을 것이다.

이제 사회초년생은 취업의 기쁨을 잠시 접고 업무와 더불어 '돈의 관리'라는 커다란 명제를 생각하지 않을 수 없다.

그러나 지금까지 성장하면서 가지고 있던 돈 관리법을 그대로 적용 하면서 살아갈 것인지, 아니면 '노마지지'(老馬之智)란 고사

성어를 떠올리며 앞선 분들의 조언을 참고로 하여 새로이 방법을 모색할 것인지는 전적으로 본인의 의사에 달려 있다.

〈나이든 말의 지혜〉란 이야기는 한비자(韓非子)에 나오는 내용이다. 춘추전국시대 제(齊)나라 환공(桓公)이 관중과 습붕을 데리고 고죽국(孤竹國)을 정벌하러 갔다 가 귀국 길에 길을 잃고 어려운 때에 봉착했다. 관중이 "이런 때 나이 든 말의 지혜가 필요하다"고 말하며 행군 경험이 많은 말을 몇 마리 풀어 놓았고. 그 말이 가는 길을 뒤따라가서 무사히 귀국을 할 수 있었다고 한다.

재테크에서도 성공과 실패란 단어가 늘 따라 다닌다. 우선 앞선자들의 실패와 성공의 많은 경험을 간접적으로 체득하고 자신의 전략을 짠다면 실패의 가능성은 훨씬 줄어들고 성공의 확률은 높아질 것이다.

지금까지 나온 돈과 관련된 책의 대부분이 재테크에 많은 도움이 되는 것은 기정사실이다.

그러나 일부분에 있어서는 금융기관의 광고판 역할을 한다는 것이다. 즉 금융기관의 상품소개 정도로 끝나는 경우가 대부분이고 실제 재테크에 있어서 중요한 마음가짐이 어떠해야 하는지를 말하여 주지 않는다는데 문제가 있다.

상품의 종류만을 알고서 재테크를 완성할 수 있다고 자신하지 말아야 한다. 금융기관의 상품은 시대에 따라 수시로 바뀌고 또 자신의 얼마간의 노력만 수반된다면 금방 파악을 할 수 있는 것이다.

우선 인류 역사상 최상의 이기(利器)인 인터넷을 통해 각 기관의 상품을 검색하여 익히고 실제로 금융기관을 돌며 발품을 팔아 보자. 그리 어렵지 않게 파악할 수 있다. 다행스럽게도 금융기관들은 대부분 중심가 인근에 모여 있어 방문하기도 편하다.

여러 종류의 재테크 관련서적을 읽고 또 수십 년의 직장생활을 통해서 얻은 직간접의 수많은 경험을 후배들에게 쏟아 성공의 길로 인도하는 것이 바람직할 것이란 판단에서 글을 썼다.

우리가 겪은 커다란 사건을 계기로 사회의 금융환경이 변화를 지속한다는 사실은 모두가 안다. IMF구제금융시절을 거쳐 2008년에 다시 찾아온 글로벌 금융위기의 한파 또한 앞으로 많은 경제사회의 변화를 몰고 올 것이다.

그러나 필자의 경험으로 볼 때 계속되는 이러한 변화속에서 많은 경제적 쇼크를 당하더라도 **재테크에 있어 먼저 수반되어야 하는 것은 결코 금융상품의 종류가 아닌 돈에 대한 마음가짐이 먼저여야 한다는 사실이다. 마음자세를 똑바로 세워 놓지 않는다면 당신이 수십 년간 쌓아올릴 그 공든 돈탑이 무너지는데 불과 몇 초도 걸리지 않을 수 있기 때문**이다.

재테크 서적이 이구동성으로 권하는 방법이 있다. 급여를 받았을 때 선 저축, 후 사용하라, 어떠어떠한 상품을 선택하라, 보험에 대해서는 이렇게 하라, 카드사용은 이래라 등등… 금과옥조(金科

玉條) 같은 말들임에는 틀림이 없다. 그러나 이처럼 지금까지 나온 권장방법이 다는 아니다.

이런 부분 뿐만 아니라 돈을 대하는 마음가짐과 각 분야별 필자만의 색다른 경험에 대한 수다를 떨어서 사회초년생들이 재테크의 마인드를 올바로 가다듬을 수 있도록 하는 것이 나의 사명이라고 생각했다. 그래서 땀 흘려 버는 돈을 어떤 태도로 어떻게 관리해야 하는지에 대해 나름의 경험을 토대로 기술하려 한다. 또한 돈 뿐만 아니라 직장생활 및 인생수업에 대한 것도 코멘트 하려 한다. 직장생활을 잘하는 것도 재테크이기 때문이다.

"돈은 돈이고 똥은 똥이다." 알아봐야 별 도움도 되지 않는 몇몇 전문용어를 써가며 당신도 아주 큰 부자가 될 수 있다는 식으로 호도하고 싶은 생각은 더더욱 없다.

또 그런 이야기를 너무 맹신한 나머지 막연한 기대감만 키운다고 해서 부자가 되는 것은 결코 아니다. 스스로 계획을 세워 착실하게 한 계단씩 밟아 올라가야 성공할 수 있다.

따라서 다시 한 번 부탁하는 바는 돈에 관련된 책에 너무 기대하지 말기 바란다. 거창한 제목이어야 관심을 갖게 되고 판매부수가 늘어나게 되니 당연히 포장을 하게 된다.

당신도 아주 대단한 부자가 될 수 있다고 꼬드긴다. 그 사람들은 세계적인 부자가 되었는가? 아니다. 괜히 바람 잡는데 따라다니지 말라.

다시 말해 거시경제니 미시경제니 하는 부문들은 전문서적을 통해 공부하면 된다. 또 그런 경제학 이론을 공부 했다고 해서 부자가 되는 것은 아니다. 경제학자들이 재테크에 성공하지 못하는 거와 같은 맥락이라고 보면 된다.

고급용어 보다는 쉬운 말로 일상에서 찾아보는 돈과 직장 그리고 평범한 일상의 수다라고 보면 된다.

필자도 성공과 실패를 반복해 보며 고민도 많이 해보았다. 돈 관리가 가벼운 것이라고 생각했다가는 정말 큰코 다친다. 누구나 눈물겹게 버는 돈이다. 자존심도 물리치고 힘들게 버는 돈을 계약서에 서명을 할 때처럼 신중히 생각해주길 바란다.

모쪼록 많은 발전을 기원 드리며, 돈 많은 부자들이 부러워하는 **"소박하면서도 행복한 진짜 알부자"**가 되기를 바란다.

002 돈을 대하는 자세

돈에 대한 자세와 태도를 분명히 하는 것이 재테크의 첫걸음이다. 뿌리가 깊은 바위는 절대 흔들리지 않듯이 확고한 원칙이 있어야 한다.

돈 관리에 우선하여 가져야 할 마음가짐들을 나열해 보았다. 상사의 눈치와 과중한 업무를 참아 내고 받는 급여를 어떻게 하면 좀 더 나은 방법으로 관리를 해야할지, 그럴 땐 어떤 자세를 견지해야 하는지에 대한 것이다.

첫째, 어떤 형태의 태도로 전략을 구사할 것인가. 축구 경기에 비유하자면 공격형 전술을 구사할 것이냐, 한때 수비형 전술로 유럽 챔프를 거머쥔 그리스의 전략을 취할 것이냐, 그도 아니면 절충형의 전략을 짤 것이냐를 먼저 구상해야 한다.

또 하나 중요한 것이 있다. 성공사례를 통한 것보다 실패사례를 통하는 것이 훨씬 더 도움이 된다는 것이다. 남들이 성공하는 전략을 그대로 해서는 힘들다. 그들의 성공마인드를 뽑아내어 나의 것으로 만드는 것도 중요하지만 실패를 통해 적어도 깡통 차지 않는 방법을 먼저 확실히 익혀야 한다. 이러한 여러 전술을 수립하는데 도움이 되는 다양한 수다들을 참고하고 또 당신이 경험한 것과 조합하여 멋진 전략을 수립하기 바란다.

둘째, 목적과 함께 단계별 세부 목표를 수립해야 한다는 것이다. 혹여 어느 날 로또 복권에 당첨되어 많은 돈을 거머쥐었을 때 단계별 목표가 있는 사람과 그렇지 않은 사람은 차이가 난다는 것을 아는가? 전자는 더 불행해지기 쉽다.

왜 그럴까? 목적과 목표가 없었기에 사용상에 문제가 생기며, 말 그대로 지나친 소비로 끝나는 경우가 많다. 그러나 후자는 자신의 목표를 앞당기게 됨과 동시에 또 다른 목표를 세우게 되고, 지나친 소비 보다는 냉정하게 사용처를 분명히 하며 관리를 하게 되기 때문이다. 그리고 돈을 벌어야 하는 당위성에 대한 문제이다. 과연 돈을 모아 어떻게 사용하기 위함이며 어떤 목표를 달성하기 위해서인지 그러므로 해서 기대되는 효과는 무엇인지를 분명히 해놓아야 한다.

한 때 중학생 한 명을 가르친 적이 있었다. 아버지를 일찍 여의고 홀어머니 밑에서 동생과 함께 살고 있었다. 생계가 막막한 그의 어머니는 다방에서 생활을 하고 있었다. 그럼에도 불구하고 자식의 미래를 위해 과외를 시키게 되었다고 한다. 문제는 학생의 태도였다. 그는 별 희망이 없는 아이처럼 행동했고 그다지 자신의 미래에 대해 생각해 보지를 않아서 그런지 학업에는 별로 관심이 없어 보였다.

내가 했던 최초의 방법은 바로 비전을 제시하며 동기를 부여해 주는 것이었다. 왜 공부를 해야 하는지 그래서 자신의 미래는 어떤 모습을 상상해야 하는지. 물론 확연히 달라졌고 의심쩍은 눈으로 바라보던 그의 모친은 동생까지도 맡아 달라며 매달렸다. 이를 통해 느낀 바는 공부뿐만 아니라 돈 관리에 있어서도 목적을 분명히 해야 하며 그에 상응하는 목표를 정해 놓아야 동기부여가 되고 흔들리지 않는다는 것이다.

셋째, 자신의 습관을 재테크에 적합한 형태로 만들어 가야 한다. 늘 이전에 하던 대로 있으면 쓰고 없으면 손 벌리면 되지 하는 무책임한 형태로는 절대로 안 된다.

절약습관을 어떻게 들일 것인지를 생각하여 실행하여야 한다. 예를 들자면 정말 예상하지 않았던 특별보너스가 나왔다고 가정하자. 그전 습관대로 지름신이 발동하여 우선 멋지게 술 한 잔하고 그다지 필요치 않았던 물건도 사며 모처럼 기분을 낼 것인가? 자고나서 가슴이 아파오는 경험을 하게 될 것이다. 절약형 습관이 몸에 배면 우선 관련통장에 입금하고 본다. 그런 후 천천히 생각하여 구입해야 할 꼭 필요한 부분만을 찾아내게 된다. 또 그 부분도 여러 가지 상품정보를 취득하여 고민해서 좀 더 싸게 구입 하는 방법으로 아끼게 된다. 따라서 당신의 통장이 생각보다 더 빨리 불어나는 기쁨을 맛보게 될 것이다.

행동경제학의 '마음속의 회계장부'(mental accounting)라는 개념처럼 예상치 않은 보너스가 쉽게 번 돈으로 치부 되어 낭비 되서는 않 된다. 이 역시 돈은 같은 돈이기 때문이다. 저마다 마음속에서 계산하는 방식이 다르겠지만 일관된 습관을 들이자.

넷째, 기록하는 습관을 확실히 지켜야 한다.

다윈의 적자생존 [適者生存, survival of the fittest]법칙은 "환경에 적응하는 자가 생존율이 높아진다"는 이론인데 이를 "적는 자만이 살아 남는다"는 내용으로 돌려서 쓰곤 한다. 기록을 통하여 돈의 흐름을 체크하자는 것이다. 따라서 늘 기록하는 습관을 들여야 한다. 기록하는 자가 작금의 환경에 적응하는 자가 아닐까 생각한다.

우선 기록을 통하여 자신의 자산변동 상황을 수시로 체크하고, 돈의 입금과 출금에 대해 확실히 주도권을 가지고 통제 하여야 한다. 그래야 뜬구름 잡기식의 전략이 되지 않는다.

10원짜리 움직임까지 통제하는 방법은 2편의 〈나의 재무제표 및 현금흐름표〉를 참고하라.

다섯째, 긍정적인 마음을 유지하며 주도권을 잡아라.

즉 처절하게 돈에 대해 생각해야 하나 절대로 주도권이 돈이 아닌 내가 되어야 한다는 것이다. 긍정적인 마음이 주는 효능에 대해서는 여러 가지 형태의 책과 조언을 통해 알고 있을 것이다. 비관적인 것보다는 긍정적이면서도 감사하는 태도로 생활하는 것이 여러모로 도움이 된다.

적은 돈이 들어오더라도 감사하며 약간의 통장 잔고가 불어나는 것에도 기뻐해야 자꾸 돈이 모인다. 적은 돈이라고 무시해보라. 그 돈을 당장 과일이나 군것질 거리를 사는데 낭비하게 된다. 별거 아니라도 조금씩 모아보라. 티끌모아 태산을 만들 수 있다.

여섯째, 길게 보고 호흡하라. 조급증이 일을 망친다. 어차피 평생을 살아야 한다. 앞으로 2~3년 살고 죽을 것이 아니지 않는가? 늘 빨리빨리 하다가 그 속도만큼 망할 수도 있다.

인생뿐만 아니라 재테크에도 정답은 없는 것 같다. 하지만 재테크에 정답만큼이나 중요한 것들이 있다. 소위 주의사항으로서 몇 가지 나열하였다.

하나, 세상에 공짜란 없다.

둘, 보증은 결단코 피하라.

셋, 제도권금융을 이용하라.

넷, 지인과의 돈 거래는 하지 말라.

다섯, 좋아하는 짜장면을 먹어 보지 못할 정도의 수전노가 되지 말라.

여섯, 돈에 끌려 다니는 자신을 발견하게 되면 여행을 가지 말고 차라리 참으라.

일곱, 돈은 쓸려고 버는 것이다. 즉 개같이 벌되 쓸 때는 정승같이 쓰라.

003 R의 공포와 경기사이클

늘 경제침체데이를 생각하라 그래야 함부로 낭비하지 않게 되며, 또 그다지 공포도 생기지 않는다.

미국 발 국제금융위기로 인해 글로벌 경기후퇴(Recession)의 공포감을 불러내는 악재가 판을 치는 시대가 있었다. 즉 'R의 공포'라 불리며 경제뉴스를 장식하는 시절이다.

그러나 가만히 생각해보면 언제는 경기가 좋았던 적이 있었는가? 그 옛날 뉴스를 다시 한 번 검토해 보면 대부분은 경기가 살아나야 한다며 걱정이 주를 이루었던 것을 볼 수 있다. 단 지나고 나면 그 때는 지금보다 나았던 시기이고 또 그 때가 호황기이었음을 알 수 있을 뿐이다. 아니면 늘 우리의 마음속에는 불황기만 있어서 그런 것은 아닌지 혼란스럽기까지 하다.

인생자체가 가지는 속성이 항상 불안정하고 벼랑 끝에 서있는 느낌을 주기 때문이 아닐까?

미래가 불확실한 상황에서는 모두가 같은 심리일 게다. 어쩌면 사람들의 마음속에는 고유의 명절인 설날(설데이), 추석(추석데이) 그리고 발렌타인데이, 화이트데이, 이외에도 **경기침체데이**가 늘 존재하고 있는 느낌이다. 그러기에 우리는 좀 더 안정적인 삶을 위해서 열심히 살아가려고 노력하는 것이다.

우리 대부분은 주식투자의 법칙 중 정말 간단한 투자성공 법칙이 존재한다는 사실을 알고 있다. **"쌀 때 사서 비쌀 때 판다"** 즉 BLASH(Buy Low and Sell High.)이다.

의식적이든 무의식적이든 이 사실을 모르고 투자하는 사람은 없을 것이다. 그러나 이런 간단한 투자법칙을 실제 상황에서 적용하기가 좀처럼 쉽지가 않다는데 문제가 있다.

굴지의 모기업은 **경기 활황기에 투자를 축소하고 오히려 경기 침체기에 적극적으로 투자를 확대하여 시장을 선점한다고** 한다.

참으로 현명한 전략이 아닐 수 없다. 이것이 바로 'BLASH' 법칙을 적용하는 사례라고 본다.

대부분은 기업이든 개인의 가정경제이든 힘든 시기라고 인식할 때 움츠려 들며 좀 더 나은 시기라고 판단할 때 기를 펴는 것이 일반적이다.

"스키는 스피드가 중요하지만 브레이크를 잘 잡는 것도 중요하다." 지금 보다는 호황기인 2006년 초 이건희 삼성회장이 경영진에게 제시한 이른바 '스키경영론'의 한 대목이다.

잘될 때 오히려 위기를 대비하여 관리하자는 내용으로 보인다. 철저히 'BLASH' 법칙을 적용하자는 취지이다.

주식투자의 법칙을 이용하는 투자든 경기사이클을 이용한 투자든 모두가 이를 알지 못하기 때문에 실패하는 것은 아니다. 무언가 가슴에 담아 놓은 스스로의 공포를 이기지 못하기 때문일 것이라고 생각한다. 즉 스스로 만들어 낸 공포이다. 주식이 오르면 한없이 올라갈 것 같고, 반대의 경우엔 한없이 내려갈 것만 같은 공포 말이다. 따라서 앞으로는 공포를 이겨내는 힘을 기르기 위해 **경기사이클을 역행하는 태도를 가져 보자.** 성공으로 가는 관문을 통과하게 될 것이다.

설사 벼랑 끝에 서있을지라도 부정적인 생각보다는, 긍정적인 마인드로 무장하여 벼랑 끝 주변이라도 여러 가지 아름다운 풍경을 찾아내어 즐기는 자세도 함께 가져 보자!

그래야 아직도 벼랑에서 떨어지지 않고 있는 자신을 보며 감사하는 마음도 생기고 더 나은 삶을 위한 용기도 생겨나게 되어 스스로의 공포도 이길 수 있게 된다.

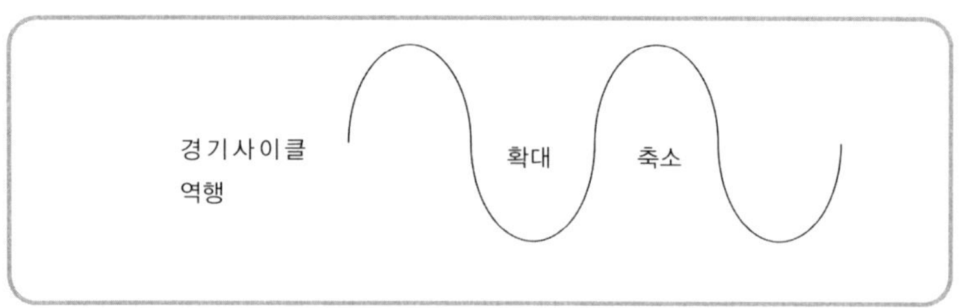

004 술 한잔의 경제학

술과 친하지 말고 책과 친해져라. 고민은 줄고 희망은 는다.
술독에 빠지면 돈이 빠져나가고, 책독에 빠지면 돈이 들어온다.

늘 **경기침체데이**를 겪고 있는 직장인이 쌓인 고민을 해소 하기 위해 가는 곳이 어디일까? 술 한잔을 위한 장소가 스트레스 해소의 최적지라는 것은 자명한 사실일 것이다.

왜 그럴까? 우선 편한 마음으로 수다를 떨 수 있기 때문이다. 수다를 떨다 보면 서로 위안이 되며 나름의 인간관계, 이성문제, 가정경제, 경기전망 등과 더불어 그 대상에 대한 상대의 판단과 생각을 엿볼 수 있고, 그럼으로써 자신의 고민을 정리해 볼 수 있는 기회가 될 것이기 때문이다.

대화(수다)는 세계적으로도 스트레스 해소에 공통적으로 사용하는 방법이라고 한다.

동문 중에 선술집을 운영하는 친구가 있다. 얼마 전 맥주 한잔 하러 들러 이런저런 화제로 이야기를 했으나 서로의 대화가 자꾸 끊겼다. 원인은 손님들이 계속 들어오는 바람에 얘기가 되지 않는 것이었다. 이런 불경기에 여기는 전혀 지장이 없네? 라고 하자 친구는 요즘처럼 불황일 때는 이런 종류의 값싼 술집이 오히려 호황이라고 한다.

경기가 나쁘니 비싼 술집은 가지 못하고 좀 더 싼 집으로 몰린다는 것이다.

위와 같이 스트레스 해소 등의 순기능을 하는 경우도 있지만 역기능적인 요소도 있다. 술 한잔 나누며 대화를 하는 것은 좋으나 절대 과하게 하지 말아야 하며, 또 2차 3차로 이어져 과도한 수다가 되지 않도록 조심해야 한다.

다음날 아침 속이 쓰려진다. 과한 음주로 인한 것보다도 당신의 호주머니가 털려서 더 그렇다. 분담금을 마련하려다 보면 속이 더 더욱 쓰리다. 오히려 스트레스가 더 쌓일 수도 있다.

그렇다고 경기침체데이가 없어지지 않으며 당신의 고민이 말끔히 해결되는 것도 아니다. 오히려 괜한 말실수가 생각나면 가뜩이나 많은 고민에 부담만 더 줄 뿐이다.

방법은 있다. 오히려 신문이나 인터넷의 관련뉴스나 또는 책을 보며 당신의 미래를 찾아보는 것이 훨씬 현명한 일이며 무한의 이

득을 가져다주는 일일 게다.

말이 술과 수다이지 고민을 늘어놓다 보면 그것이 더 큰 고민으로 발전할 때가 많다. 고민을 줄이자는 대화가 돈맥경화에 걸려 돈 고민을 늘리게 해서는 절대 안 된다.

오히려 집에 일찍 들어가 가족 간의 대화를 좀 더 많이 해보자. 부부간의 관계가 더욱 돈독해질 수 있고 그것이 불황을 견디는 약이 될 수 있다.

경기침체데이에 시달릴 때는 술 한잔도 조금 줄이자. 그리고 책과 함께 고민해 보자. 그래야 남보다 오래 버틸 수 있다.

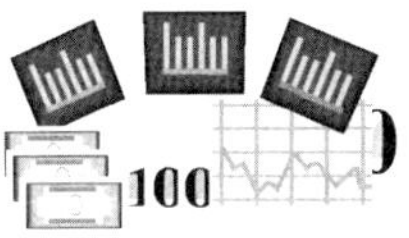

005 작은 욕심 큰 손해

[불로소득을 기뻐하지 말고 땀의 가치를 더 소중히 하라.
땀 흘려 번 돈이 더 가치있고 더 큰 보람을 가져다 준다.]

소탐대실 [小貪大失]이라고 했던가! 눈앞의 작은 이익에 눈이 멀어 얼마나 더 큰 재산을 잃는지를 많이 보아왔다. 작은 욕심으로 인해 일어난 직장생활 중에 겪은 사고사례에 대해서 수다를 떨어보려고 한다.

지금으로부터 무려 20년 전 입사해서 얼마 되지 않은 시절, 업무를 익히느라 정신없이 보내던 때였다. 당시 수습사원이었고 주로 업무보조 역할을 하던 시절이라 금융업을 하는 회사의 일선 창구가 어느 정도 위험성이 있는지에 대해서 많은 점을 알지 못하던 시기였다.

어느 날 옆자리에서 일을 하던 여직원이 잠시 점심시간을 이용하여 밖에 나갔다 온다며 업무를 대충 정리하곤 무언가를 봉투에 싸서 가지고 나갔다. 점심시간이 끝날 무렵 그는 얼굴에 회색이 돌며 자리에 돌아와 열심히 일을 하였다. 마감시간이 끝나고 그 여직원이 어딘가 나갔다 오더니 얼굴이 아까 와는 정반대인 울상이 되어서 돌아왔다. 그리곤 끝내 울음을 터뜨리며 퇴근을 하였고, 고참직원과 상사의 한숨소리만 들리기 시작했다.

웬일인가 싶어 귀를 기울이니 이야기인 즉 이러하다. 어떤 여자가 와서 잠시 할 말이 있으니 점심시간에 잠깐 시간을 내주기를 요청을 하였고, 내 옆자리의 여직원은 아무 의심없이 응했다. 그 여자는 여직원에게 싼값으로 옷감을 판매하겠다며 제시하고 여직원은 그의 말에 귀가 솔깃했다. 그 여직원은 당시 6개월에 해당하는 급여만큼의 돈을 일면식도 없는 어떤 여자에게 지불하고 큰 상자의 옷감을 받아왔다.

그리고 마감 후 물건을 확인하여보니 윗부분만 정상적인 옷감이었고 밑 부분은 모두 사용하지 못하는 천조각이었던 것이다. 일면식도 없는 여자는 자신이 빼돌린 옷감을 되팔면 많은 차익을 남길 수 있다며 꼬드겼고 그 사기꾼의 감언이설에 넘어갔던 것이다.

다시 한 번 생각을 해보면 누구든지 의심이 갈만한 상황이었으나 순간의 작은 이익에 상황판단이 흐려졌다는 것이다. 만약 차익이 확실히 날 물건 같으면 자신이 직접 팔아 차익을 챙기면 되는 것을 왜 남을 이용하는지를 한 번만 생각을 해 보아도 당하지 않았을 사기사건이다. 항상 현금을 취급하는 금융기관의 속성을 이용하여 생각할 틈도 주지 않고 순식간에 현금을 받아 도망갈 수 있는 곳이기에 사기를 친 것이다.

이 사건을 계기로 창구업무에 경각심을 갖게 되었다. 이 일이 있고 나서 약 10년 후 업무를 조사하고 감독하는 부서로 옮겨 근무하던 중 일선영업점의 보고를 받게 되었다. 그 순간 너무 깜짝 놀라 한 동안 멍하니 앉아 있었다. 무려 10년 전의 사건이 타지역 창구에서 똑같이 발생을 한 것이다. 그리고 잊고 있었던 10년 전의 사건이 떠올랐다. 한참을 생각해 보았다.

왜 같은 사건이 또 일어났는가? 바로 인간의 욕심 때문이다. 눈앞의 작은 이익에 혈안이 되어 정작 자신이 속고 있다는 사실을 망각하여 일어난 것이다. 이 일은 우리부서에서 그 당시 세간에 화제를 불러일으킨 사건과 연관지어 소위 '옷 로비 사건'으로 불리었다.

왜 우리는 이러한 일을 당해야 할까? 바로 불로소득(不勞所得)에 대한 미련 때문일 것이다. 별로 힘들이지 않고도 쉽게 돈을 벌 수 있다는 것에 너무 기뻐한다는 점이다.

그렇게 쉽게 돈을 벌 수 있다면 누군들 부자가 안됐겠는가?

우리는 돈을 번다는 것을 아주 쉬운 일로 착각하며 살고 있지는 않은지 항상 뒤돌아보아야 한다. 그만큼 많은 노력과 땀의 대가이지 어느 날 하늘에서 떨어지는 것이 아니지 않는가? 세상에 공짜란 없는 법이다. 경험한 사례가 우리에게 주는 교훈은 '돈에 대한 잘못된 사고방식'을 바꾸려고 항상 노력해야 한다는 사실이다.

소탐대실[小貪大失], 즉 눈앞의 작은 것을 탐하다가 큰 손실을 입는다는 것을 항상 명심하며 살기를 바란다.

006 돈 그리고 변증법적 사고

"살기 위해 돈을 번다"라고 자신있게 말할 수 있도록 열심히 노력해보자. 적어도 행복한 작은 부자는 될 수 있다.

"살기 위해 돈을 버는 걸까? 돈을 벌기 위해 살아갈까?" 우리들 대부분은 '삶을 위해 돈을 번다'라는 말을 당연히 받아들이고 또 그렇다고 끄덕인다. 그래야 조금이라도 덜 씁쓸해지기 때문은 아닐까?

바꿔서 생각해 보자 '돈을 벌기 위해서 사는 것'은 아닐지. 그래서 식량을 구할 수 있는 것은 아닐지?

먹지 않고 이상만 추구하며 살 수는 없다. 가만히 생각해 보면 아주 옳은 말이다. 또 모두가 자신의 먹거리를 해결하기 위하여 농업에 종사하지는 않는다.

좋은 방향으로 생각하기 위하여 '살기 위해 돈을 버는 것'이라고 해도 되고 또 그 반대라도 상관은 없다. 웬만하면 긍정적으로 사고

(思考) 하는 것이 정신건강에 이롭기 때문이다. 그러나 냉정하게 생각해보자. 돈은 신성한 노동의 대가이며 노력의 산물이다.

그런데도 '돈을 벌기 위해 산다'라는 표현이 잘못된 것인지?

역설하자면 '돈을 벌기 위해 산다'라는 것은 그만큼 노력을 많이 한다는 것이며, 열심히 살고 있다는 증거일 수 있다.

소위 개똥 철학이랍시고 상대방의 입장에 어떤 자기모순이 있는가를 논증함으로써 자기 입장의 올바름을 입증하려고 하는 변증법적 논리를 지껄이려고 하는 것은 절대 아니다.

괜히 폼 잡지 말자. **'돈을 벌기 위해 열심히 산다'**고 말하자 그것이 훨씬 맘 편할 것이다.

이런 말이 있다. 돈으로 뭐는 살 수 있지만 뭐는 못산다. 예로 집은 살 수 있지만 가정은 사지 못한다. 또는 책은 살 수 있지만 지식은 못 산다. 맞는 말이기도 하지만, 웃기는 소리다. 웬만하면 다 살 수 있다. 돈이 없어 가정이 깨질 수도 있다. 왜? 노력의 산물, 노동의 대가를 쌓아 놓지 않아서다. 즉 게을러서다.

누구나 성인군자 같은 인격을 갖추진 않았다. 그래서는 안 되는 거지만 돈 때문에 행복했던 가정이 싸우고 갈라지는 경우도 많이 보아왔다.

지식을 사는 것이 아니고 지식 있는 자를 사면 된다.

억지 주장을 편다고 하면 할 말은 없다. 뭐는 되지만 뭐는 안 된다고 너무 자위하지 말자. 그렇다고 '돈이 세상의 전부다'식으로 천해 보이고 싶지도 않다.

나도 원본은 변할 수 없다는 것을 안다. 그러나 카피 본은 변할 수도 있고 얼마든지 살 수도 있다.

그러니 낭비하지 말라. 쓸 땐 쓰되 돈의 소중함은 항상 생각하라. 많은 책들이 다양한 방법으로 당신도 부자가 될 수 있다는 이론적 논리를 펴며 희망을 준다. 그런 책을 쓴 사람들도 큰 부자가 되기가 어렵다는 것을 안다. 당신도 큰 부자가 될 수 있다는 희망은 안고 살되, 너무 믿지 말고 진짜 부자인 소박하면서도 행복한 알부자가 되어 돈 많은 부자가 나를 부러워하게 하라. 그것이 훨씬 빠른 일이다.

"大富는 由天하고 小富는 由勤이니라"

(큰부자는 하늘에 달려있고, 작은 부자는 열심히 노력하는데 달려있다.)

명심보감에 나오는 말이다.

007 나와 부자와 차이는 몇%일까?

[공부하는 자세와 원칙을 지키는 자세가 나타내는 차이가 아닐까?
1% 차이든 10% 차이든 그것을 깨닫기만 하면 성공할 수 있다.]

국군의 날을 기념하여 방산업체인 모회사 군사무기 전문가의 인터뷰 내용을 접하였다.

그는 군사무기가 워낙 비싸 무기의 국산화를 위하여 연구하는 전문가로 신무기 개발을 위해 불철주야 노력하는 사람이다. 그가 한 말이 내내 마음깊이 새겨졌다.

"누구나 무기 전문가라면 99% 정도는 따라 할 수 있다. 그러나 나머지 1%가 성패를 좌우한다."는 내용이었다. 즉 1%의 축적된 노하우가 신무기 개발의 성공을 좌우한다는 것이다.

또 2003년 침팬지게놈연구 국제컨소시엄 발표에 따르면 사람과 침팬지의 DNA가 98.31% 같은 것으로 나타났다. 한국측 참가자인 한국생명공학연구원 박사는 "다른 영장류에서 인간으로 진화한 결과가 바로 1.7%의 차이"(동아일보 2003년 7월 2일)라고 설명했다.

단지 1.7%의 차이가 하나는 만물의 영장인 인간이 되었고, 다른 하나는 유인원으로 남았다.

이러한 사실을 대하며 과연 우리와 부자는 얼마 만큼이 차이가 있을까? 라는 의문이 생겼다.

부자들과 일반 서민들 모두 은행에서 부여하는 예금이자가 차이 나는 것도 아닐 테고, 또 그들의 모습이 우리와 완전히 다른 외계인 모습이 더더욱 아닐 텐데 말이다.

그러나 나름대로 주위의 부자들을 파악해 보면 몇 가지에서 차이가 나는 것을 알 수 있다.

첫째, 부자들은 그들만의 원칙과 소신을 가지고 있으며 이를 철저히 고수한다는 것이다.

세계 1등 부자인 워랜버핏만 보아도 그렇다. 자기가 모르는 부문에 대한 투자는 하지 않으며 가치투자의 원칙 등 자신의 원칙을 철저히 지킨다는 것이다.

둘째, 대부분은 검소한 생활을 한다.

'저러니까 돈을 모으지'라는 말이 절로 나오게 한다.

셋째, 항상 공부를 한다는 점이다.

부자들이 공통점 중 하나는 늘 손에서 책이 떠나지 않는다는 것이다. 투자를 위한 진문 분야든 일상적인 분야의 책이든 끊임없이 배우기를 멈추지 않는다는 사실이다.

물론 누구나 이렇게 할 수 있고 또 대다수의 사람들이 이런 방법을 모르지는 않지만 나름의 소신과 원칙을 고수하기란 그리 쉬운 일은 아니다.

다들 소신대로 연구하며 그 분야에 대한 공부를 게을리 하지 않는다고 주장할지라도 우리가 느끼지 못하는 위와 같은 부문에서 약간의 차이가 이런 결과를 보이는 것은 아닐까?

부자와 우리는 단 1%의 차이를 느낄 뿐이다. 1%의 차이를 극복한 다면 우리도 할 수 있다고 생각한다.

008 외환보유액과 비상금

딴 주머니가 아닌 비상금 주머니를 따로 차라.
'달걀을 한 바구니에 담지 말라' 는 증시격언과 같은 맥락이다.

우리는 IMF 구제금융 시대에 적은 외환보유액으로 인해 많은 곤란을 겪었다. 정부는 Moratorium(채무지불유예) 선언을 할 사태에 이르자 97년 12월 구제금융을 신청하여 IMF와 세계은행(IBRD) 그리고 아시아개발은행(ADB)에서 달러를 지원받아 외환위기의 고비를 넘겼다. 당시 갖고 있던 외화는 89억 달러였다고 한다. 지금은 세계 6위 안에 드는 외환을 보유하고 있지만 당시에는 참으로 목숨이 경각에 달린 환자와 같이 답답한 상태였다.

작금의 경제 상황도 그 때와 유사하여 이런 고사성어가 떠오른다. '맹인할마 [盲人瞎馬]' 장님이 외눈박이 말을 타고 있다는 의미로 매우 위험한 상황을 가리킨다고 한다.

외환보유액이 무조건 많은 것도 좋지 않고 반대로 부족해도 좋지 않다. 그렇다면 적절한 외환보유액은 어느 정도일까? 국제통화기금(IMF)은 대략 한 나라의 3개월 치 경상지급액 정도를 적정선이라고 하고 있다. 즉 3개월 치 물품 수입액, 외국에서 여행객이 쓰는 돈, 이자로 외국에 주는 돈 등을 합한 정도라고 한다. 이 기준으로 보면 우리나라는 약 1,500억 달러를 가지고 있으면 된다고 한다.

개인의 가정경제도 이와 같이 비상금을 적당량으로 마련해야 함은 누구나 아는 사실이다. 자, 그러면 어느 정도의 비상금과 어떻게 만들어서 어디에 보관을 해야 할까?

사실 비상금이라면 부인 몰래 또는 남편 몰래 용돈 등을 아껴 액자 뒤에 숨겨 놓는 돈 정도로 생각하기가 쉽다. 그러나 여기서 얘기하는 비상금이란 '비상금 [非常金] : 뜻밖의 긴급한 사태에 쓰기 위하여 마련하여 둔 돈.' 즉 준비금 정도로 생각하면 된다. 즉 rainy day(비 오는 날, 궁할 때, 만일의 경우)에 대비한 돈이다.

막상 가정경제에도 예기치 못한 일들이 나타날 수 있다. 이때 그동안 붓고 있던 적금이나 만기가 되지 않는 예금, 또는 펀드를 깰 수는 없는 일이다.

그래서 여러모로 아껴 쓰고 남은 돈을 수시로 입금할 수 있고 또 높은 금리를 받을 수 있는 상품을 선택 하게 되는데 이때 가장 좋은 상품이 바로 CMA[Cash Management Account] 통장이다.

이것은 대차 대조표상에 보여 주는 계정 과목의 차례를 돈으로 바꾸기 쉬운 것부터 배열하는 방법인 유동성배열법에 의하면 가장 현금화 하기 쉬운 1순위의 자산인 현금성자산(현금등가물)이다. CMA는 '종합자산관리계좌'라고도 하며, 국공채 등의 채권에 투자하여 그 수익을 고객에게 돌려주는 금융상품이다. 장점은 급여를 연결해 놓으면 작으나마 잔여기간 동안 이자를 좀 더 받을 수 있다는 점이다.

또는 은행의 자유적립식 적금 통장을 이용하면 된다. 이것은 작은 돈이라도 아무 때나 수시로 입금할 수 있어 편리하다. 장점은 출금이 자유롭지 않아 돈이 쌓일 수 있는 점이다. CMA 및 자유적립식 적금 등의 자세한 사항은 직접 발품을 팔아 알아보라. 그래야 실력도 늘고 그 외의 여러 가지 상품도 접할 수 있기 때문이다.

자산도 여러 가지 형태로 목적에 맞게 분산해서 관리해야 적절한 때에 그에 맞게 사용할 수 있다. 그래야 급할 때 만기 전의 통장을 해지하게 됨으로서 발생하는 이자손실을 막을 수 있다.

▶ 발품 노트 ▶

CMA (예금자 보호법 적용여부 : 이율 : 거래방법 : 기타기능 : 장단점)

____

____

자유적립식 적금 (예금자 보호법 적용여부 : 이율 : 거래방법 : 기타기능 : 장단점)

____

____

009 이모부와 펀드투자

인간은 원래 만족할 줄 모른다고 하지만 나는 때로 만족할 줄 아는 사람이 되자.

한참 펀드투자의 열풍과 함께 주식시장이 활황을 보일 때였다. 밝은 목소리의 전화가 왔다. 오랜만에 이모부께서 소식을 전해 온 것이다.

평생을 건설현장에서 일하시며 근면, 성실하게 살아오신 분이다. 가난한 어린 시절을 보냈던 이모부께서는 검소한 생활이 몸에 배어 있다. 군 시절 약간의 돈을 모으시고 제대 후 남의 집 품을 팔아 모은 돈으로 송아지를 사셨고 그를 바탕으로 기반을 잡으셨다고 늘 말씀하시곤 하였다.

펀드열풍이 거세던 때 정기예금을 하기 위해 거래은행을 방문하였고, 은행원의 권유에 못 이겨 펀드를 가입하였다고 한다. 그러나 가입 후에도 늘 불안하고 마음이 놓이지 않았다고 하였다. 이유는 평생 안정된 예금만을 이용한다는 나름의 원칙을 고수하신 분이라 일종의 주식에 투자한다는 소리가 마음에 들지 않았던 때문이었다. 노심초사 하던 차에 원금에 더하여 2천만 원 가까이 수익이 발생했다고 하자 바로 해지하였고 예금으로 재가입하여서 마음이 놓이고 또 기분이 좋아서 전화를 하였다고 했다.

큰 욕심을 갖지 않고 해지 하신 것이 얼마나 다행이었는지는 그 후에 알게 되었다. 2007년 하반기 말부터 펀드 수익률이 떨어지기 시작하였기 때문이다. 자신이 열심히 일한 대가만을 최고의 선으로 여기시는 분이니 큰 욕심을 내지 않는 것은 어쩌면 당연한 것이라고 생각 되었다.

그런데 친구들에게 이런 일이 있었다. A라는 친구와 B라는 친구는 IMF구제금융시절 IT주가가 천정부지로 솟아오를 때 며칠을 상의하더니 마침내 1천만 원씩을 투자하기로 합의하였다.

그 후 그들은 자주 술을 샀고 내심 얻어 먹는 것은 좋았으나 그 결과가 궁금하여 물어 보았는데 그 결과는 가히 놀랄만 하였다.

A = 1천만 원 → 1억 원 = ?
B = 1천만 원 → 2천만 원 = ?

당시 IT버블은 10배 심지어 30배 정도까지도 가는 주식이 나온다는 소문이 돌 정도였다. 물론 실력의 결과라기 보다는 우연히 얻어걸린 복이었다.

사실 나의 마음도 약간 속이 상했다. 망하던 시절이라 자금이 없어 투자를 못했던 것이 못내 아쉬웠던 것이다. 그러나 그 후 더 놀랄 만한 사건이 일어났다. 다음과 같은 결과가 나온 것이다.

A = 1천만 원 → 1억 원 = 3백만 원(- 70%)
B = 1천만 원 → 2천만 원 = 2천만 원(+200%)

어떤가 놀랍지 않은가? 왜 이런 결과가 나왔을까?

바로 욕심의 크기 때문이다. 평소 A라는 친구는 욕심의 크기가 큰 편이었고, B라는 친구는 웬만하면 만족하는 사람이었다.

혹자는 이렇게 판단할 수도 있다. A는 통이 큰사람이고, B는 소심한 사람이라고 할 수도 있다.

IT버블이 꺼지면서 이런 결과를 초래한 것이었다. 여기서 우리는 예상수익율이 갖는 의미가 실제에 있어서는 얼마나 덧없는 것인지를 알게 되었다. **수익을 고정시키기 위해서는 수익을 실현해야 하는 것**이다.

확정수익이 보장되는 예금이나 적금과 달리 주식투자나 펀드투자는 주가의 등락에 따라서 예상수익율이 변동된다. 그러나 어느 시기인가는 확정을 시켜야 수익이 실현된다는데 문제가 있다.

이때 개입되는 것이 개인의 의지 부문이다. A라는 친구는 IT버블이 꺼지며 주가가 곤두박질을 칠 때도 자신의 고집을 꺾지 않고 계속 밀어부쳤다.

그 결과는 보는 바와 같이 참담했고 지금도 술 한잔 할 때면 가끔 꺼내곤 한다. B라는 친구는 A라는 친구가 더 오를 것이니 좀 더 좀 더 하면서 말렸지만 이 정도도 과분한 것이라며 수익을 실현했다.

물론 누가 옳고 그르다는 상황을 말하려는 것은 아니다. 확정수익이 보장되지 않는 투자는 수익이 변동되기 때문에 그 확정 시기가 굉장히 중요하다. 적어도 A라는 친구는 1억 원에서 수익을 실현하지는 않았더라도 5천만 원 정도에서는 끊어 주었어야 한다는 것이다. 버블이 꺼져 주식이 폭락할 때에도 1억 원이 눈에 아른거려 도저히 5천만 원이 돈으로 보이지 않더라는 것이다.

이솝우화의 〈개구리와 황소(The Frog and the Ox)〉 이야기처럼 더 크게 하다가 배가 터지는 경우다.

명심보감(明心寶鑑)에 "知足者는 貧賤亦樂이요, 不知足者는 富貴亦憂이라(만족할 줄 아는 자는 가난하고 천해도 즐겁고, 만족할 줄 모르는 자는 부귀해도 역시 근심한다)"는 글이 있다.

사람의 욕심이란 끝이 없다. 그러나 상황에 따라 욕심의 크기도 맞추어 줘야 하며, 웬만하면 만족하는 것도 정신 건강에 이로울 것 같다.

010 보증은 절대·결코·네버 안 된다

> 부모님에게서 그렇게 귀가 따갑도록 들었는데도 저질렀다면 누굴 원망하랴.
> 보증을 서고 싶다면 차라리 죽는 게 났다.

"보증서는 자식은 낳지도 말라"는 옛말이 있다.

완전 맞는 말이다. 다시 한 번 부탁한다. 직장인이여 절대로 결코 보증은 서지 말아라.

돈 주고 얻어 맞게 된다. 차라리 친구의 청을 거절하기 어려우면 몇 푼을 떼인 셈치고 주라.

돈 잃고, 사람 잃고, 가족까지 잃는다.

예전 직장에서 보증으로 인해 단란한 가족을 잃고 노숙자 신세로 전락한 선배직장인을 보았다.

물론 나도 심하게 당했다. 참으로 억울한 것은 돈을 물어주고도 서로의 관계까지도 깨진다는 것이다.

이제 우리나라도 개인보증제도를 과감이 없앴으면 하는 바람이다. 차라리 보험제도를 개발 활용하여 보험을 이용한 보증을 하는 방향으로 제도화 하면 개인의 연쇄 파산을 막을 수 있지 않을까 생각해 본다.

아주 친한 친구니까. 친척이니까. 형제이니까. 절대 안 된다. 보증으로 인해 같이 무너진다.

내가 입에 침을 튀기며 열강을 안 해도 잘 알고 있으리라 생각한다. 그래도 강조하는 이유는 이러이러한 경우는 어쩔 수 없는데 괜찮겠지 라는 심리를 없애기 위해 하는 수 없이 또 한 번 부탁하는 바이다.

"보증을 설라면 차라리 죽어라!"

011 금연 그 어려운 결심, 새로운 생각

안되면 몇 개월이라도 해 보자. 어렵다고 포기할 순 없지 않겠는가.
통장에는 돈이 쌓이고 당신의 몸에서 나는 냄새는 멀리 달아난다.

"냄새나는 담배 영원히 이별할 수 없을까?" "이번에는 반드시 끊어야지" 등등. 결심을 굳게 하며 직장인들 대부분은 매년 1월 금주와 더불어 금연을 올해 꼭 달성해야 할 목표로 삼는다. 그러나 작심삼일(作心三日)로 끝나거나 적어도 수 개월을 넘기지 못하는 경우가 태반이다.

예전에 비하여 흡연자들을 환영하는 곳이 적어지고 있다는 사실은 모두가 잘 알고 있다.

흡연이 무슨 큰 죄나 짓는 것처럼 주변에서 금연을 권고하는 장면을 자주 목격하게 된다.

팀 모임에서도 담배를 피우기가 쉽지 않다. 팀 내 비흡연자들이 싫어하며 식당에서도 대부분 금연을 권장하기 때문이다. 회식을 하다가도 밖에 나와서 피는 담배가 여간 귀찮은 게 아니다. 또 아파트 복도에서 피다가 항의를 받은 경험도 있을 것이다. 이처럼 곳곳에서 반기는 이 하나 없음에도 담배를 확실히 끊는다는 것은 참으로 어렵다. 오죽하면 금연을 도와주는 물품들에 의존할까.

담배를 몇 달 끊다 또 피고를 반복하던 지난날을 반성하면서 고민고민 하다 나름의 묘수가 떠올랐다. 이 방법을 빨리 생각해내지 못한 사실이 너무 안타까웠다. 진작에 이런 방법을 써 볼 것을 하면서 말이다.

나의 경우는 2,500원 하는 담배를 하루에 한갑 정도를 피웠다. 가만히 생각해 보면 한 달에 약 75,000원이 들어가며 1년이면 900,000원이나 소요된다.

요즘같은 불경기에 작은 돈이 아니다. 우선 3년간 실천 하겠다고 단기 목표를 세운 경우를 가정해 보아도 2,700,000원이나 된다. 문득 아까운 생각이 들어 돈을 벌기 시작하면서 담배를 배운 시기인 입사 때부터 지금까지 요즘 담배 값 기준으로 계산을 해 보았다. 20년간 무려 18,000,000원이나 소요 되었다. 만약 이를 퇴직 시점인 55세 까지 28년을 다시 계산해 보면 무려 25,200,000원이나 된다. 큰돈이 없어진다. 놀랍지 않은가?

그런데 다음 계산을 보면 더욱 놀랍다. 경험적으로 담배를 끊게 되면 대체제를 찾게 마련이다. 대부분 군것질 거리나 커피 등의 차를 평소 보다 더 즐기게 되기 때문에 대체제 구입비용을 뺀 금액인 월 60,000원으로 하면 720,000원이 된다. 이를 연리 5%로 재투자를 하면서 매년 720,000원을 27년 동안 플러스 하면? 약 42,000,000원 정도가 된다.(이자소득세는 고려하지 않았음)

하루담배 한 갑의 돈 치고는 너무 크다는 생각이 들지 않은가? 여기에 관련질환을 고려하면 +∝(알파)가 될 것이다. 그런데 큰 돈에 놀라 당장 금연을 하더라도 또 다른 문제에 봉착한다. 다시 애연가(愛煙家)로 돌변하는 것을 어떻게 막을 것인가이다. 사실은 이 부분이 가장 큰 문제다.

어떻게 하면 이 문제를 풀 수 있을까? 방법은 있다. 매월 담배 값 만큼을 펀드통장이나 적금통장에 불입하는 방법이다. 아니면 보험을 들거나 주식을 사는 방법도 있다. 그리고 일정기간 후에 위와 같이 재투자를 한다고 생각하라.

차츰 쌓이는 통장의 돈을 보게 되면 점점 담배 생각이 줄어든다. 바로 이거다.

돈이 쌓이는 광경을 직접 목격하게 됨으로서 스트레스를 이겨내는 동기가 되며 참을 수 있는 힘이 생긴다.

대부분은 금연을 했으니 돈이 남아 주머니가 두둑해 질 것이라고 생각한다. 절대 그렇지 않다. 돈이 있으니 지나가다가도 안 사도 될 만한 물건들을 사거나 다른 것에 소비하는 자신을 보게 될 것이기 때문이다. 따라서 자연스럽게 주머니의 돈이 사라진다.

필자도 2년 전부터 담배를 끊으며 그 대신 사랑하는 막내딸의 이름으로 펀드통장을 만들었다. 대체제 구입 금액을 뺀 나머지를 매월 붓고 있으며 지금 1백4십만 원의 돈이 넘어가고 있다. 요즘 펀드수익률이 하락하여 불입한 만큼도 되진 않지만 아예 연기와 함께 없어질 돈이 그나마도 남아 있으니 얼마나 다행인가.

사랑하는 자녀를 생각해 보라! 냄새나는 당신의 모습을 타인의 입장에서 바라보며 결심을 굳혀 보라! 점점 쌓여 가는 돈을 생각해 보라! 된다! 그래도 안 된다면 담배를 펴라 평생 후회하지 않을 자신이 있다면.

012 보험은 생필품

> 술값은 아까운 생각이 들지 않으면서 보험료가 아까운 생각이 든다면 문제도 아주 큰 문제이다.

직장생활 5년차에 막내 딸아이를 얻었다. 그러나 기쁨도 잠시, 심장에 이상이 있으니 큰 병원에 가보라는 의사의 말을 듣고 억장이 무너졌다.

그로부터 한 달 후 심장수술을 받고 무사히 마무리를 할 수 있었다. 그러나 그 다음에 또 한 번 시련을 겪었다. 바로 엄청난 병원비였다.

금융권에 있으면서도 보험을 들지 않았던 일을 많이 후회했다. 후선 부서에 근무하여 잘 몰랐다는 핑계보다도 보험에 대해 무지한 탓이었다. 특히나 직장초년생이 잊고 넘어가기 쉬운 것은 보장성 보험을 무시한다는 점이다.

나는 튼튼하여 문제 없고, 그 돈이 있으면 저축을 좀 더 하겠다는 등등. 아주 잘못 되도 한참 잘못된 생각이다.

보험은 말 그대로 비상사태를 대비하기 위함이며 이를 경제적으로 큰 타격없이 해결하자는 취지이다.

약간의 돈으로 보장을 받을 수 있는 것을 더 큰 목돈을 들여야 하는 일이 생길 수 있다.

즉 "호미로 막을 것을 가래로 막는 경우"이다.

그리고 나이가 한 살이라도 젊을 때가 보험료도 가장 싸다. 그만큼 확률이 적기 때문이다.

예금과 적금 또는 펀드와 더불어 보험에 대해서도 발품을 팔아 지식을 넓히고 적어도 건강보험은 반드시 들어두라.

보험은 있어도 되고 없어도 되는 품목이 아닌 필수 불가결한 생필품이기 때문이다.

아내친구 오빠의 경우를 소개해 보면 더욱 실감이 난다. 대학생활 때부터 친구의 오빠라 자주 보며 지내 와서 잘 아는 사이이다. 그래서 더욱더 보험을 권했고 적어도 암 보험은 들어둬야 하지 않겠느냐며 무려 2년을 설득을 해도 막무가내였다.

그러던 그가 얼마 전 자진해서 아내에게 전화를 걸어왔다. 자신의 부인을 암 보험에 가입시켜 달라는 것이었다. 많이 놀랜 아내가 다녀와서 이유를 설명했다. 그동안 위암수술을 받고 너무 충격이 커서 자신의 부인에게 권유했던 것이다. 물론 옛날에 자신의 행동을 뉘우치면서 말이다. 직장에서 실시하는 건강검진 때 위 내시경에서 발견된 초기위암이었다.

당장의 한 푼보다 암 보험을 가입했더라면 더 많은 돈을 아낄 수 있었을 뿐 아니라 보험금도 엄청난 액수를 받을 수 있다는 점을 그제 서야 깨달은 것이다.

사자성어 중에 이러한 말을 다시 한 번 음미해 보기 바란다.

유비무환(有備無患)은 평소에 준비가 되어 있으면 나중에 근심이 없다는 뜻이며, 거안사위(居安思危)는 편안할 때도 위태로울 때의 일을 생각하라는 의미이다.

▶ 발품 노트 ▶

보험 (저축성 보험 : 보장성 보험 : 보장자산의 의미 : 고지의무 : 기타)

013 습관과 돈

정말 어려운 것이지만 작은 습관부터 하나하나 도전해 보자. 습관은 약간의 결심으로는 이루기 어렵기 때문에 도전의식을 가지고 죽기살기로 덤벼야 한다.

"생각이 바뀌면 행동이 바뀌고, 이어서 습관이 바뀌며, 그럼으로써 생활태도가 달라지고, 인생도 바뀐다."고 한다. 많이 그리고 자주 듣는 얘기이다. 또 맞는 말이기도 하다. 그러나 말처럼 쉽지만은 않은 것 같다.

공전(空前)의 히트를 친 〈마시멜로 이야기〉란 책의 첫 부문에 나오는 개구리의 대화가 있다.

세 마리의 개구리가 나뭇잎을 타고 강물을 따라 흘러가다가 한 마리가 "난 강물에 뛰어 들어 갈 거야!"라고 했다. 이제 나뭇잎에는 몇 마리가 남았겠는가? 아직도 세 마리이다. 뛰어 들거야 라고 말했지 풍덩하고 뛰어 들었다는 것은 아니기 때문이다. 말과 행동이 다르다는 것을 얘기하는 우화이다.

이처럼 생각을 하고도 행동으로 옮기기는 어려운 일이기 때문에 더불어 행동을 바꿔 쉽게 습관을 변경하기가 녹녹하지 않음을 알 수 있다.

얼마 전부터 회사 내 공공화장실에도 일부 비데가 설치되었다. 그런데 비데를 사용하면 익숙하지 않아서인지 변을 잘 볼 수가 없어 전에 사용하던 일반변기를 사용하게 된다.

이상한 것은 어쩌다 비데를 설치한 변기에서 일을 보고도 세정을 하지 않고 바로 휴지를 사용한다는 점이다. 이처럼 한 번 배어 있는 습관을 바꾸기가 여간 어려운 일이 아닌 것 같다.

또 2008년 가을에 다시 드라마로 방영된 〈타짜〉에서 이런 대사가 나온다. "자기의 버릇이란 죽기 전에는 절대 고치기가 어렵다." 이 장면은 상대에게 자신의 굳어진 습관이 읽혀져 패가 미리 노출되어 게임에서 진다는 내용이다. 이때의 장면에는 높은 패를 잡았을 때 주인공이 자신도 모르게 목젖이 움직여 상대에게 읽힌다는 설정이다.

그렇다. 습관을 바꾸기가 정말 어렵다. 그렇지만 잘못된 습관이 굳어지면 소위 가랑비에 옷 젖는다는 말처럼 슬금슬금 돈이 빠져나간다는데 문제가 있다.

연료절약형 운전습관으로 바꾸는 것, 늦은 저녁에 장을 보아 좀 더 값싸게 사는 습관을 들이는 것, 개인 대차대조표와 현금흐름표를 쓰는 습관들이기, 배고플 때 장 보러 가지 않는 습관, 습관적으로 피우는 담배 끊기, 반주로 한 잔하는 음주습관 고치기도 쉽게 치유되기 어렵다.

따라서 슬금슬금 새어 나가는 돈을 절약하기 위해서는 우선은 쉬운 습관부터 바꿔 보자. 예로 야식을 줄이거나, 저녁형을 아침형으로 변경해보자. 아니면 아침에 10분 일찍 출근하는 습관부터 시작해보자.

그래야 좀더 무거운 것을 바꿀 수 있다. 그리고 다음과 같이 해보자 훨씬 도움이 될 것이다.

첫째, 고쳐야 할 습관을 써서 벽에 붙인다.

둘째, 매일 아침 벽을 보며 읽는다.

셋째, 할 수 있다 라고 외치며 이미지 트레이닝을 한다.

습관을 고쳐 새어나가는 돈을 붙잡는 것 바로 이것이 재테크가 아닐까? 큰 목표도 손 닿는 일부터 하나 하나 해나가자. 여기서 우리는 영국의 평론가인 토머스 칼라일의 명언을 새겨 보자.

팔짱을 끼고 생각만 하고 있어서는 결코 큰 일을 할 수 없다.

먼저 손 닿는 가까운 일부터 최선을 다 해서 해 나가는 것이 첫 걸음이다.

모든 위대한 목표도 하찮은 데서 차츰 차츰 길이 열린다.

014 짧은 수다-돈을 위한 생각 5가지

> 돈을 더 벌기보다 잃지 않으려고 생각하는 것이다.
> 함부로 친구따라 강남가지 말라.

1. 지금 여유가 있다고 착각하지 마라 : 계획없이 쓰게 되어 결국 돈을 잃는다.

2. 같은 또래의 직장인들 보다 검소하게 살면서도 가족 모두가 행복을 느낄 수 있어야 돈을 모을 수 있다 : 가족구성원은 전혀 그렇게 생각하지 않는데 혼자만 행복을 느껴봐야 별 도움이 안 된다.

3. 때로는 당신의 팔자이려니 생각하라 : 더 잃기 전에 놓아라. 죽은 자식 불알 만지기다. 그리고 다른 것을 찾아라.

4. 지렛대효과를 너무 과신하지 말라 : 땀의 소중함을 잊게 될 수도 있다.

5. "탁하고 했더니 척하고 벌리더라"는 말 보다 그 반대의 소리에 귀를 기울여라 : 귀가 얇아져 돈을 잃게 되며, 친구 따라 강남 갔다가 영원이 못 돌아올 수 있다.

015 재테크가 원하는 것은?

밥을 굶으면 죽는다. 그렇다고 하루 10끼를 먹으라는 말은 아니다.
자족감은 스스로 넉넉하게 여기는 느낌이다.

"부자로 죽기 위해 가난하게 산다는 것은 미쳐도 이만 저만 미친 짓이 아니다."

로마 시인인 유베날리스의 이 명언과 재테크와는 어떤 관계가 있을까?

그러면 "개 같이 벌어 정승 같이 쓴다"는 속담은 무엇일까?

단지 "요즘 뿐만 아니라 옛날 선조께서도 재테크에 대단히 민감했던 것 같다."라는 생각으로만 넘길 것인지?

혹자는 재테크 한답시고 시장에서 콩나물 값을 깎으며 절절히 아낀 돈을 너무나 과감하게 쓴다는 것에 약간의 불만이 있는 것은 아닌지?

그럼 무형의 가치란 어떤 것을 의미 하는 말일까?

동서고금을 막론하고 어느 시대이든 돈을 번다는 것에 관심이 없는 사람은 없을 것이다.

우선은 생계를 이어가야 하며, 적어도 노동의 가치를 돈으로 환산하여 본인의 대가를 받는 것으로서 아껴야 한다는 생각이라면 어쩌면 당연한 얘기가 된다. 그래서 1%의 금리 차이에도 벌벌 떨며 묘수를 생각하고 또 발품을 파는 것이 아니겠는가?

그렇게 모은 돈을 아껴서 쓰는 것은 자신뿐만 아니라 노후 및 자식에게 많은 도움을 줄 수 있는 하나의 좋은 수단으로 생각하기 때문일 것이다.

그러나 시장에서 몇 푼도 되지 않는 콩나물 값을 깎으면서도 소위 좋은 차를 타거나 좀 더 넓은 집을 장만 하거나 하는 이유는 무엇일까?

결론적으로 필자는 이것은 무형의 가치를 더 중요시 하는 마음이 있기 때문이라고 생각한다.

유베날리스의 명언처럼 부자로 죽기 위해 가난하게 산다는 것은 정말 잘못된 마음가짐이라고 본다.

그러나 부자로 죽기 위해서는 아닐지라도 부자를 열망하는 이유는 좀더 나은 현 생활을 하기 위해서이다. 바로 무형의 가치가 창출하는 편안함 때문이다. 그래서 돈!돈!돈! 하며 사는 것 아니겠는가?

좋은 차를 타면 그 만큼 경차에 비해 유지비가 많이 들며, 좀 더 넓은 평수의 집에 살면 그 역시 더 많은 비용이 수반된다는 것쯤은 다 아는 바이다.

약간의 돈에도 벌벌 떠는 사람들이 이런 비상식적인 듯한 모습을 보인다는 것은 좋은 차와 넓은 집이 가져다주는 효용가치가 훨씬 크기 때문일 것이다.

첫째, 상대적으로 좀 더 편안하고 안락하여 적어도 심신이 훨씬 더 좋아질 수 있다고 느끼며,

둘째, 그만큼 안정이 되어 직장일이나 기타 일 등이 더 나아질 수 있다고 믿으며,

셋째, 그럼으로써 자족감이 충족되어 행복해지는 자신을 발견할 수 있다고 생각하기 때문일 것이다.

"개 같이 벌어 정승같이 쓰라"는 말은 직업의 귀천을 따지지 말고 돈을 벌어 쓰고 싶은데 쓰며 살라는 말로 들린다. 물론 여기서 좋지 않은 방법까지를 모두 동원하여 돈을 벌라는 말은 결단코 아닐 것이다.

016 재테크는 무엇을 원할까?

짜장면을 사서 먹어 보지 못한 것 까지는 이해한다고 쳐도 무형의 가치를 무시하는 것도 바람직한 행위는 아니다.

앞장에 이어서 좀 더 알아보자. 부자가 부자 티를 내며 돈을 쓰는 것이 과연 나쁜 것인가? 김밥장사를 수십 년 하며 아낀 돈을 장학금으로 쾌척 하는 것에 대해서는? 어느 부자가 과도한 택시비를 요구하자 몇 푼도 되지 않는 돈에 발끈하여 소송을 제기한 이유는?

아내가 일과 관련하여 지인의 집을 방문했을 때 이야기다. 어느 노인이 남루한 옷을 입고 옆에 와서 껴들더라는 것이다. 그러면서 자신의 하소연을 하는데 그 얘기를 듣고는 돈을 벌고 사용하는 것에 대해 많은 생각을 했다고 한다. 이야기는 이렇다. 물려받은 재산이 많지는 않았지만 나름대로 열심히 평생을 일하였으며, 좋아

하는 짜장면 한 그릇 사 먹지 않고 돈을 모아 상당한 재산을 형성하였다고 한다. 그에게는 아들과 딸이 있었는데 아들에게만 전 재산을 물려주었다고 했다. 물론 얘기는 하지 않았어도 그의 아내와 딸에게는 어떻게 했는지 짐작이 갔다고 한다. 그렇게 지독하게 모은 전 재산을 평소에 손가락질 하며 무시했던 인근 동네에 사는 소위 뚝 건달에게 모두 넘겨주는 일이 발생하게 된다.

참으로 기막힌 사연은 이랬다. 안타깝게도 사고로 아들이 일찍 죽었고 며느리는 재혼을 뚝 건달과 했더라는 것이며, 그로 인하여 뚝 건달은 최고급차를 뽑는 등 호화 호식하며 살고 자신에게는 박대를 하여 너무나 억울하고 원통하여 죽고 싶더라는 것이다.

흔하지 않는 사례이지만 여기서 우리는 무엇을 느껴야 할까? 옳고 그름을 떠나 재산을 모으는 것이 과연 무엇을 위해서일까?

그가 이제 와서 반성하는 것은 자신이 아들 선호 관습에 너무 얽매었고 이기적인 나머지 딸에게 재산을 분배해주지 않아 딸조차 돌아보지 않는다는 것과, 돈을 모으는 과정에서 자신과 가족에게 혹독하게 대한 일이 지금에 와서 많은 후회로 남는다는 것이었다.

•

적어도 돈은 쓰기 위해 모으는 것이 아닐까 생각한다. 따라서 자신의 무형의 가치에 대한 욕망을 너무 억누른다는 것이 별로 좋아 보이지 않는다. 때로는 짜장면도 사 먹고 가족과 즐거운 시간을 갖는 것이 얼마나 귀중하고 소중한 것인지를 이제 너무 늙어서 깨달았다고 한다. 돈도 좋지만 자신과 가족의 만족감이 우선이 아닐까 생각한다.

그러면 이때 김밥 할머니가 어렵게 모은 돈을 장학금으로 선뜻 내어 놓은 것을 어떻게 보아야 할까? 물론 똑같이 무형의 가치에 대한 욕망을 억누른 것은 같으나 자신이 목표로 했던 자선을 행하였다는 점은 분명 다르다. 그렇게 함으로서 만족감을 얻었을 것이고 그로 인해 행복함을 느꼈을 것이며, 더 넓게 사회 구성원에 대한 사랑을 실천했기 때문일 것이다.

어느 부자의 택시비로 인한 소송 사건은 어느 방향에서 보아야 할까? 대부분 아는 이야기지만 그 부자가 문제점으로 지적했던 것은 몇 푼 되지 않는 돈 때문이 아니라 부당한 요구에 대한 잘못을 지적하려는 것이며, 적어도 정당한 방법으로 돈을 벌어야 한다는 사실을 사회에 역설하고 싶었던 점이 다를 것이다. 돈을 아끼는 방법의 제시가 아니라 일한 만큼의 대가를 바라는 사회정의에 대한 부문이다.

마지막으로 부자가 부자 티를 내며 돈을 쓰게 해야 한다는 점은 요즘같이 경제사정이 힘든 시기일수록 다 같이 공감하는 부분이다. 이들이 돈을 써야 소비가 살기 때문에 경제적 관점으로 보아도 아주 바람직한 현상이다. 가진 자가 지갑을 닫아 버리면 정말 큰일이다. 부의 분배도 이루어지지 않을 뿐 아니라 모두가 두려워하는 일이 일어날 수 있다. 즉 소비가 둔화되어 생산 역시 둔화되는 악순환 고리에 일조를 하기 때문이다.

우리는 부자가 돈을 쓰는 것을 곱지 않는 시선으로 보기 보다는 여건 조성에 힘써야 하는 것이 훨씬 현명한 일이라고 생각해야 한다.

2편

때로는 홀랑 벗고 다시 생각해 보라

001 지키는 것이 우선이다

아무리 많은 재산을 이루어도 지키지 못하면 다 허당이다.
관리할 수 있는 능력을 키우는 것이 우선이다.

잘 될 것만 같던 주식시장, 그래서 들었던 펀드. 그러나 어느 날 어떤 이유에서든 하루 자고 나면 보통 100포인트 씩 떨어지는 주식시장을 보며 많은 사람들이 타들어가는 속을 달래기 위해 절치부심한 적이 불과 얼마 전이다.

가만히 있어도 자산의 가치가 떨어지고 견디다 못해 팔고 나오는 투자자들은 그 즉시 손실이 확정되는 기막힌 시기를 겪기도 한다.

문득 우리는 늘 한 푼이라도 더 벌어야만 직성이 풀리는 사람으로 변해 있는 느낌이 든다.

다시 거꾸로 생각해 보자. 오히려 손실이 확정되어 돈을 잃은 투자자를 생각한다면 기존의 자산을 지킨 것만으로도 얼마든지 잘한 일이 되지 않은가 말이다.

그렇다. 오히려 잃지 않는 것 또한 훌륭한 재테크이다.

우리는 하나를 더 얻지 못하는 것에 미련을 갖기 보다는 가지고 있는 것을 잃지 않았음에 감사해야 한다.

나 또한 IMF 구제금융 시절 힘들게 축적했던 자산을 과도한 투자로 인해 어쩔 수 없이 싼 값에 처분해야 했던 아픈 기억이 있다. 그 당시 가슴 찢어지는 추억을 떠올려 보면 내가 쌓아 놓은 재산을 지키는 것 또한 참으로 힘들고도 중요한 일이라는 것을 새삼 깨달을 수 있었다.

아무 생각없이 막연히 투자하는 일, 가지고 있는 것보다 레버리지 효과를 과신하는 태도, 친구 따라 강남 가는 행동, 특히 노력에 비해 본인의 능력을 착각하는 일 등을 조심해야 한다.

우리는 여기서 세계 1위 부자이며 오마하의 현인(賢人)으로 불리는 투자의 귀재 워랜버핏의 원칙을 다시 한 번 생각해 보자.

데이비드 클라크가 쓴 〈워랜버핏의 투자노트〉라는 책에 실린 내용 중에 이런 투자원칙이 있다.

"우선 돈을 잃지 말라이며, 그 다음은 그 사실을 절대로 잊지 마라."이다.

즉, 이 말의 뜻은 내 수중에 들어온 돈은 좀처럼 빠져 나가지 않게 하여야 하고 또한 이를 잘 관리하여 불릴 수 있어야 하며, 한편 잃게 되는 돈이 생기면 그만큼 회복하기 위해서는 몇 배의 힘이 들기 때문에 지키는 것도 매우 중요한 것이다라고 해석할 수 있을 것이다.

지키는 것, 잃지 않는 것 또한 아주 중요한 일임을 명심할 필요가 있지 않을까 생각한다.

일반 재테크 책에서도 강조하는 내용이지만 필자도 뼈저린 경험을 통해서 얻은 교훈은 투자 이전에 가지고 있는 것을 지키는 데에 더 힘써야 한다는 것이다. 그러나 이 사실을 깨닫는 시기가 홀랑 망해서 길거리에 나앉았을 때가 되서는 결코 더더욱 안 된다.

그 동안 쌓아 놓은 재산을 우선 지켜야 그 다음을 기약할 수 있다. 요즘 평소에 비해 훨씬 많이 사용하는 전문용어로 굳이 하라면 '리스크 관리'라는 말로 대변할 수 있을 것이다.

002 늘 확인하는 습관

재수없는 것도 원인을 따져 보면 다 본인의 불찰이다.
돌다리도 두드려 보고 건너라.

인터넷으로 확인만 해보았어도 300만 원을 아낄 수 있었던 사건이 있었다. 어떤 일이건 "**돌다리도 두드려 보고 건넌다.**"는 마음가짐이 필요하다.

꽤 오래 전에 지방의 한 벤처기업이 발행한 주식을 매입한 적이 있었다. 그 당시 그 주식을 가지고 있던 지인은 여러 가지로 당위성을 설명하며 유망하다며 매입을 권유했다.

요즘은 대부분 상장이 되지 않은 주식이라도 장외거래가 되는 것이 일반적이다. 그 장외거래에 대한 사이트가 있고 그 사이트를 몇 번만 뒤적여 보아도 회사 정보며, 지금 거래되는 주식의 가격 등을 알 수 있음에도 불구하고 생각자체를 못했던 것이다. 나중에야 안 사실이지만 당시의 거래가격은 매입가의 1/10밖에 되지 않았다.

아무 의심없이 제시하는 가격에 덜렁 주식을 매입했던 것이다. 물론 그 이면에는 지인이 급히 필요한 자금이 있어 사정을 하기에 어쩔 수 없는 부분도 있었다. 지금은 그 회사의 근황조차도 모르게 되었고, 그 주식 또한 거의 휴지조각이나 마찬가지로 변했다. 지인을 도와주었다는 것에 만족하며 위안을 삼고는 있지만, 한편으로는 씁쓸했다.

한 때 벤처기업의 주가가 천정부지로 뛰어 오르던 시절 신문에 이런 내용의 기사가 났었다. 친구의 벤처기업에 투자를 해달라는 소식을 듣고 마지못해 2천 만 원어치의 주식을 매입해 주었고, 마침 그 기업이 상장이 되어 대략 20억 가까운 보상을 받았다는 스토리였다. 아예 돈을 떼인 셈치고 도와주었는데 횡재를 하였다는 내용이었다. 나의 경우와 비교해보면 정말 운이 좋은 사례이다.

"재수 없는 자는 뒤로 자빠져도 코가 깨진다"는 말이 있다. 하지만 그 속담도 돌이켜 보면 모두가 자신의 부주의에서 출발한다는 점을 알 수 있다. 특히나 부동산 거래와 같은 중요한 계약 뿐만 아니라 극히 적은 물품을 살 때에도 여러모로 살펴야 한다는 점을 모르지는 않을 것이다. 그러나 손해를 보는 경우는 지나고 보면 주의의무를 소홀히 하여 나타나는 경우가 대부분이다. 뼈아픈 투자의 실패를 했음에도 이처럼 똑같은 실수를 반복하는 것은 정말 바보 같은 짓이 아닐 수 없다. 늘 자신을 돌아보아 실수를 되풀이 않도록 주의하는 재테크의 기본을 잊지 말자.

003 행운이 가져다 주는 위험

착각은 자유라고 하지만 이것만큼은 착각하지 말라 아주 패가망신 할 수 있다.

행운이 가져다주는 위험이라니? 이 무슨 개풀 뜯어 먹는 소리인가. 그렇다 어느 때인가 <세상에 이런 일이>란 인기코너에 소개된 아주 희귀하면서도 처음 보는 장면이 있었다. 바로 개가 풀을 뜯는 장면이었다. 이렇게 전혀 예상치 않았던 일이 나타날 수도 있다.

결코 해당되지 않을 것 같지만 행운이 오히려 더 큰 불행을 가져다 줄 수도 있다는 사실을 평생 명심하고 살아야 한다. 종종 뉴스에 나오는 로또의 행운을 얻고도 패가망신하여 더 곤궁해진 경우를 접하지 않았는가?

우연히 돈을 벌게 되었을 때가 가장 위험한 때이다. 특히 젊었을 때 "소가 뒷걸음질을 치다가 우연히 쥐를 밟을" 때처럼 들어오는 행운의 돈벌이는 정말 위험하다. 여러분들은 참 의아하게 생각할 것이다. 무엇 때문에 위험하다는 것일까?

이유는 **"그것이 자신의 참 능력으로 착각하기 쉬워 앞뒤 가리지 않고 그 방면으로 뛰어들기 때문에"** 그렇다. 사기의 화식열전(貨殖列傳)에 "화(災禍)와 복(福祿)은 새끼줄처럼 꼬여 있다"고 한다. 돈과 함께 화도 같이 들어오기에 조심하라는 말이다.

어느 날 주식시황을 전하는 방송에서 전문가를 자처하며 나온 모 주식전문투자자의 이야기가 생각난다.

이분은 어느 날 잘 다니던 직장이 하찮게 보이기 시작했다고 한다. 우연히 주식을 투자했다가 월급의 몇 배에 해당되는 돈을 벌어 무척 신이 났고 또한 자신의 능력이 대단한 그 무엇이 있다는 착각을 하게 되었다고 한다. 그 말을 하면서 그 때가 지금 생각하면 참으로 잘못되었고 정말 자신의 분수를 모르게 하고 망하게 하는 순간으로서 최악의 순간이었다고 한다.

왜 그런 말을 했을까? 그 후 그는 직장에서 쫓겨나게 되고 소위 시쳇말로 알거지가 되었다고 한다. 자신이 우연히 얻은 능력을 진짜의 능력으로 착각한 나머지 마구잡이로 주식투자에 몰입했고 그 결과 직장의 일마저 소홀히 하게 되고, 자신이 그 동안 쌓아 놓았던 재산마저 모두 잃게 되었다고 한다.

나의 경우도 좀 더 얘기하자면 이렇다. 우연히 아파트 청약을 하였다가 가지고 있던 돈의 몇 배 정도를 불과 3년 만에 벌게 되었다. 입사 후 3년만에 그것도 젊은 나이에.

아, 이렇게 하면 돈을 벌 수 있겠구나 싶어 그 방면으로 바로 몰입을 하였고 그 결과 많은 후유증을 낳았다. 특히 자신을 과신한 나머지 과욕으로 인한 과한 투자를 하게 되었고, 지인과 어울려 투자를 한답시고 자금을 끌어들이기 위해 교차보증까지를 서슴지 않게 되었다. 결과는 말을 안 해도 예측할거라 생각한다. 참담한 결과를 낳았다. 말 그대로 길거리에 나앉았다.

생전 경험해 보지 않았던 구제금융 시절이 도래되고 경제위기가 닥치자 보증채무로 인해 자금압박이 가해지기 시작하고 자산가치 하락으로 인해 아주 헐값에 재산을 처분하게 되었다. 엎친 데 덮친 격으로 전세로 살고 있는 집까지 집주인의 부도로 경매까지 들어왔고, 더군다나 막내딸의 심장수술까지도 하게 되었던 것이다.

설상가상(雪上加霜), 첩첩산중(疊疊山中)이라 했던가? 정말 막막하였다. 길거리에 나앉는다는 말이 어떤 것인지 실감이 났다. 무서운 줄 모르고 불속으로 뛰어든 불나방 꼴이 아니고 무엇이란 말인가.

우연을 자신의 진정한 능력이라고 착각하지 말라. 반드시 명심하길 바란다. 꼭 당하고 나서야 후회하는 사람이 되지 않길 바란다. 앞서간 자들의 실수를 반복하지 않는 것이 발전인 것이다. 화와 복은 역시 얽어 있는 것 같다. 그래서 엘리엇은 "실패보다 더 나쁜 성공도 많다"라는 명언을 남기지 않았을까.

004 늙으면 죽어야 하는가?

"죽으면 늙어야 하나"라는 우스개말이 있다. 500원짜리 아이스크림이 얼마예요? 라는 물음이 잘못된 것이 아니다. 잠시 생각을 안 해서 그런 것 뿐이다.

"우리가 무엇을 새로 시작하기엔 너무 늦은 나이다." 라고 자주 되뇌고 있지는 않은지. 혹시 무섭게 치고 올라오는 후배와 눈치를 보아야 하는 상사 사이에서 갈등을 겪으며 참담한 마음으로 나이만 먹고 있는 자신에게 홀대하고 있지는 않은지? 늙으면 죽어야 마땅한가? 아니다. 단언 하자면 결코 무언가를 하기에 너무 늦은 나이란 세상에 절대로 없다.

굳이 맥도널드 체인점을 연 레이크록(Ray A. Croc)이 53세의 나이였고, 피터드러커(Peter Ferdinand Drucker)는 2005년 11월 96세로 타계 할 때까지 많은 강연과 저술 활동을 활발하게 했고, 임권택 감독은 71세에 천년학을 제작했으며, 송해 선생님은 돌아가신 아버님 나이보다도 많은 82세에도 열심히 방송활동을 한다는 이러한 사례를 말하지 않아도 우리 주변에는 많은 나이에도 불구하고 숫자를 잊고 사는 분들이 넘쳐 난다.

항상 문제는 자신에게 있는 것이지 주변의 환경 때문이 아니다.

내 인생의 주인은 바로 '나'이다. 내가 어떤 생각으로 무장하느냐에 따라 달라진다.

그래서 "늘 자신을 젊음으로 무장해야 한다."고 주장하고 싶다.

그래야 마음속에 열정을 갖게 되며 도전의식도 싹트게 된다.

직장생활을 하다보면 애 늙은이들이 많은 것을 느낄 때가 있다. 그들이 그렇게 구시렁거리는 이유는 스스로 꿈을 포기하고 침잠하기 때문이다. 그리고 현실에 안주하며 그저 그런 대로 살다가 퇴직하면 그만 아니냐는 듯이 행동하기 때문이다.

다시 한 번 고민해보자. 구시렁 거리는 그들과 대화를 하다보면 이렇게 얘기하는 것을 들을 수 있다.

"나도 한 때는 큰 꿈을 가졌었지. 그런데 이래서 또 저래서 접고 말았네" 등등 자기 합리화를 하기에 바쁘다는 사실을 접하게 된다.

최초의 흑인 대통령인 오바마의 성격적 특징 중 하나는 여러 가지로 검토하여 결정이 난 일은 단호하게 추진한다고 한다. 이것은 이래서 안되고 저것은 저래서 안 된다는 식으로 생각하지 않는다고 한다.

무모한 도전을 하라는 이야기가 아니다. 늘 목표의식 없이 살면 몸 뿐만 아니라 정신까지도 피폐해지기 때문에 새로운 목표를 만들고 활기차게 도전하는 젊은이의 정신으로 살라는 이야기다.

누군가는 신문지상에 오르내리는 화려한 성공만이 제대로 도전하며 사는 삶이라고 착각한다.

잘 알지 않는가. 절대 아니다. 직장생활에서도 넘쳐 나는 열정으로 열심히 사는 사람들이 많다. 바로 이들이 자신을 주인공으로 해서 제작한 성공한 삶의 표본이 아닐까 생각한다.

어느 날 누군가가 와서 충고 아닌 충고를 하였다. 당신이 야간행사를 담당하기에는 머리도 벗겨졌을 뿐만 아니라 좀 많은 나이가 아닌가? 라고. 참으로 웃기는 단세포적인 생각이 아닌가? 행사를 위해 레크리에이션 자격증까지 따며 열심히 하는 자에게 말이다. 세상에 무언가를 즐겁게 열정적으로 하는데 나이가 무슨 상관이 있는가? 또 머리가 벗겨진 것이 무슨 흉이 되는가?

어떤 사람들은 너무 쉽게 결론을 내리고 너무 간단히 모든 것을 판단하려 든다. 누가 뭐라고 해도 당신의 주인공은 당신이지 남이 아니다. 항상 젊은이의 정신으로 무장하고 열정을 가지고 있다면 그리고 자고 있는 꿈을 깨운다면 당신도 멋지게 60세를 넘긴 나이에 〈반지의 제왕〉을 완성한 톨킨(Tolkien)처럼 되지 말라는 법은 없다.

닉슨 전(前) 대통령의 말처럼 **"인간의 죽음은 패배했을 때가 아니라 포기 했을 때 온다"**라는 말과 같이 어떤 목표를 포기하는 것이 더 큰 문제인 것이다. 지금 즉시 흔들어 깨워라! 당신이 포기하고 있던 꿈과 열정을! 그래야 나이를 잊게 되며 젊음으로 무장하게 된다.

005 토끼와 거북이

토끼가 잘못 된 거라는 소리도 거북이가 옳다는 소리도 아니다. 단지 빠른 것만이 능사는 아니라는 말이다.

나는 토끼였고, 내 옆집은 거북이였다.

토끼와 거북이 경주에서 거북이의 완승이다. 이 우화가 주는 교훈을 무시하며 살아왔던 것 같다.

대학원시절 약간의 수당과 과외를 통해 받은 돈을 모아 5,000,000원을 만든 적이 있었다. 당시는 큰 목표의식을 갖지 않고 그저 저축하는 습관을 들여 보려는 의지에서 처음으로 모아보았다. 큰 돈은 아니지만 중소도시 변두리에 부엌 달린 조그만 방 한 칸의 약 3년 치 방세를 낼 수 있었다.

그 돈이 지금에 와서 보면 어디에 쓰였는지 전혀 알 길이 없으나, 어렵게 모은 종자돈을 없는 셈 치고 만약 정기예금에 들어서 지금껏 1년마다 재예탁하는 방법으로 굴렸다면 지금쯤 얼마가 되어 있을까?

당시 1년 평균정기예금 금리를 10%로 잡고 무려 25년을 예치하였다면? 물경 오천 사백 만 원(54,000,000원) 정도가 된다. 무려 10배에 해당되는 돈이다. 만약 천 만 원이었다면? 물경 일억 팔백 만 원(108,000,000원) 정도가 된다.

물론 지난 후의 가정이란 별 의미가 없지만 이와 같이 거북이처럼 생활해왔다면 어떻게 다를까?

기다린 세월에 비해 적은 돈이라고 생각할 수도 있다.

같은 직장생활을 시작한 옆집은 지금껏 거북이처럼 생활해왔다. 그는 큰 욕심을 부리지 않고 또박또박 모아 작은 아파트지만 집 한 채를 장만했고 아이들도 바르게 키우고 화목한 가정을 이루며 남들이 진급할 때 진급하고 매사 착실한 생활을 해왔다.

누군가는 주식에 부동산에 관심을 갖고 일을 저지를 때 그는 늘 미소만 띨 뿐이었고 별 관심을 갖지도 않았다.

투자로 인해 많은 돈을 벌었다고 자랑을 해도, 또 그 벌은 돈을 IMF 구제금융시절 과잉 투자로 인한 유동성 부족과 경기침체에 따른 자산가치 하락으로 쫄딱 망했다고 해도 마찬가지였다.

말 그대로 옆길은 처다 보지도 않고 묵묵히 은행예금만 이용하며 검소한 생활을 하고 아이들 교육에만 관심이 있었다.

혹자는 오로지 투자를 통해서만 돈을 벌 수 있고 또 그럼으로서 행복해질 수 있다고 생각한다.

내가 사는 동네의 옆집을 보면 전혀 그렇지 않다. 작지만 검소한 생활을 통해 얼마든지 만족하며 살 수 있음을 보았다.

나는 왜 토끼처럼 빨리 뛰어가다 갑자기 잠을 자게 되었을까?

잠자는 아이들을 바라보며 하염없이 울게 되었을까?

어렵게 장만했던 집까지 팔아야 했던 이유는 무엇일까?

왜 무려 9번이나 이사를 하며 살아야 했을까?

바로 과욕 때문이었다. 모든 것을 빨리 이루어야 한다는 강박관념이나 조급증도 한 몫을 했다.

작지만 조금조금 모으는 것을 너무 무시한 탓도 있었다.

재테크에 있어 가장 큰 적은 **과욕**이다. 이것을 버리지 못하면 장담하건대 절대 부자가 될 수 없다.

과속, 과소비, 과음, 과 투자, 과식, 과 소유, 과 분수 등 '과'자 붙어서 좋은 것이 별로 없다. 그래서 정도를 지나치면 모자람만 못하다는 과유불급(過猶不及)의 말이 생기지 않았겠는가? 하나하나 모으는 것을 너무 무시하지 말라. "**티끌모아 태산**"이다. 또박또박 모으는 것이 어쩌면 더 나은 투자일 수 있다. 너무 욕심을 부려 오히려 토끼 같은 신세가 되지 말자.

006 곶감과 곳간

[무언가 번듯해야만 잘 나가는 것이 절대 아니다. 알부자를 보면 겉모습은 별 볼일 없는 경우가 많다.]

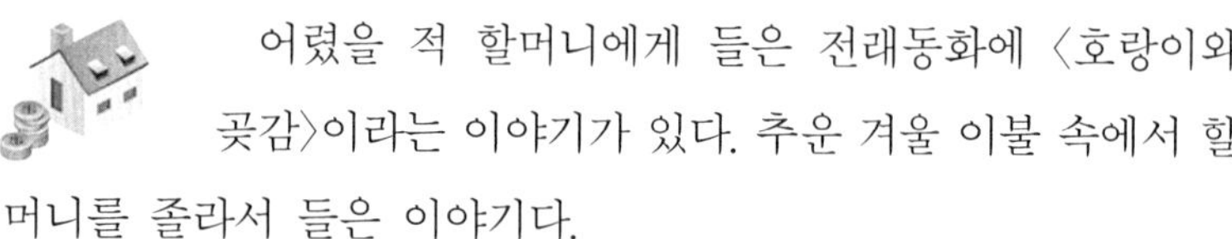

어렸을 적 할머니에게 들은 전래동화에 〈호랑이와 곶감〉이라는 이야기가 있다. 추운 겨울 이불 속에서 할머니를 졸라서 들은 이야기다.

옛날 어느 산 속 깊은 곳에 무서운 호랑이가 살고 있었다. 추운 겨울밤, 호랑이는 배가고파 먹을 것을 찾으러 어슬렁거리고 있었다. 그러다 어느 외딴집에서 아이가 우는 소리를 듣게 되었고 입맛을 다시며 그 곳으로 다가갔다. 문 밖에서 들으니 엄마가 아이를 달래며 자꾸 울면 무서운 호랑이가 잡아간다고 했다.

그래도 아이는 계속 울었다. 그러자 엄마가 결정적인 한 마디를 한다. 곶감을 줄 테니 울지 말라고 하자 아이가 울음을 그쳤다. 이에 호랑이는 자기 보다 더 무서운 곶감이 있다는 사실을 알고 줄행

랑을 쳤다는 동화다.

당시에는 왜 그렇게도 재미있는지 듣고 또 들어도 재미있어 할머니를 계속 조르곤 하였다.

이 전래동화에 등장하는 곶감은 생감을 가공한 건과(乾果)로 떫은 맛이 있는 감을 통풍이 잘 되는 곳에 매달아 꼬챙이에 꿰어 건조시킨 것이다. 우는 아이도 울음을 멈추게 하는 맛있는 건과다.

그리고 이런 식량을 보관하는 곳간(庫間)은 광이라고도 하며, 규모가 작은 창고와 같은 기능을 하는 공간으로, 물건이나 곡식을 보관하는 곳이었다. "쌀 가마를 곳간에 쟁이다." 할 때 쓰이는 말이다.

먼 친척의 사례를 옮겨 보려고 갑자기 생뚱맞게 곶감과 곳간 이야기를 꺼냈다.

그는 아이가 중학교에 들어갈 무렵 사고로 남편을 먼저 보냈다. 다행히 가입했던 보험금이 있었고 남편이 다니던 회사에서 주는 약간의 돈과 그 동안 모은 자금까지 합쳐 약 3억 여 원이 되었다고 했다. 집과 돈이 있으니 참 다행이다 싶었다. 그나마도 있으니 먹고 사는 데는 큰 지장이 없겠구나 하며 가슴을 쓸어내렸다.

그러나 그 후 남편의 죽음보다 더욱 안타까운 소식이 들려 왔다. 완전히 알거지가 되었다는 소식이었다. 이유는 이랬다. 가만히 정신을 차려 보니 나머지 인생을 살려면 남은 돈이 부족할 것 같았고, 또 주변에서 꼬이더라는 것이다. 가만히 앉아서 곶감꼬치에서 곶감 빼먹듯 하면 당장은 맛있으나 곶감 꼬치가 텅텅 비게 될 것이니 식당을 차려 근간을 마련하라고 권유하더라는 것이다.

일견 타당하다고 받아들였고 거나하게 식당을 차려 사업을 시작하였다고 한다. 그렇게 해서 곳간에 먹고 살 양식을 가득 쌓아 놓는 수입을 계속 이루며 살려고 했던 것이다.

그러나 제대로 준비가 되지 않은 상태에서 사업을 벌였으며, 주변의 이야기만 듣고 무리하게 투자를 한 것이 패인이었다.

우리 주변을 둘러보면 이러한 이야기를 꽤 들을 수 있다.

'곶감꼬치심리'를 이기지 못하고 좀 더 곳간을 채우기 위해 나선 것이 오히려 곳간에 있던 곡식까지 몽땅 털리는 꼴이 되는 경우를.

생각해 보자. 오히려 '곶감꼬치심리'에 역행하는 생각을 하였더라면 훨씬 나은 생활이 될 수 있지 않았을까? 우선 안전자산에 분산하여 저축을 한 다음 이자를 받고, 하다못해 아르바이트라도 뛰어서 생활비에 보탰다면 곳간이 텅텅 비는 사태는 막을 수 있었을 것이다. 그리고 투자 위험에 노출되지 않아 마음은 그런 대로 편했을 것이다.

그런 후 아이가 성장을 한 다음 정 안되면 집을 담보로 생활비를 받는 역모기지론으로 견디며 자식의 도움을 받는다고 생각을 했더라면 하는 아쉬움이 남았다.

그 사람도 가만히 있을 수 없어 하는 수 없이 시작했다라고 항변할 수 있지만 위험관리가 전혀 되지 않았고, 오히려 그 '곶감꼬치

심리'가 빨리빨리 이루어야 한다는 조급증을 불러와 보다 더 빠르게 곳간을 도둑맞는 최악의 상황을 초래했다고 본다. 항상 강조하지만 이런 경우에는 주변에서 부추기는 무리들이 반드시 생겨난다. 따라서 자신의 확고한 소신과 철학을 가지고 있어야 쉽게 꼬임에 빠지지 않게 된다. 그리고 꼭 무언가를 번듯하게 벌려 놓아야 불안함이 가시게 되어 속이 시원함을 느낄 수 있다고 착각 하지 말자. 오히려 벌려 놓기 보다는 더 까먹지 않게 단단히 곳간의 열쇠를 쥐는 것에 포커스를 맞추어야 한다. 때로는 단순한 것이 최선일 수 있다. 곳간의 곡식도 먹기 위해 쌓아 둔 것이다.

위의 사례를 통해 무엇보다도 우선 지켜야 그 다음을 기약할 수 있다는 논리를 다시 한 번 생각하며, '위험관리'가 중요함을 잊지 말자.

뭔가 대단한 일을 해야만 위대한 결과를 얻을 수 있는 것은 아니다.

나는 내가 넘지 못할 2미터의 막대를 뛰어 넘으려 하지 않는다. 충분히 넘을 수 있는 30센티의 막대를 넘으면 그만이다.

—<워렌버핏의 투자노트>

007 타짜와 노후

[폼 잡는 거 너무 좋아하면 언젠가는 크게 당한다.
무지개만 쫓는 경우는 그 말로가 뻔하다.]

얄궂은 그림 몇 장에 목숨까지도 거는 참으로 무모한 짓을 하는 사람들이 있다.

때로는 무려 몇 년 씩 공을 들여 소위 호구를 문다고 한다.

어느 날 방송에 전직 타짜가 나와서 도박은 절대해서는 안 되는 것이라고 말하면서 대담한 내용이다. 개인사업으로 돈을 조금 모았는데 그것을 알고 타짜가 접근하여 그들에게 당하고 그 복수를 위해 뛰어들었다고 한다. 수십 년이 지나서야 정말 소중한 것을 잃었다는 것을 알았다며 눈시울을 붉혔다. 아마도 소중한 것은 가족 구성원의 사랑과 참된 노동의 가치 등일 것이다.

앞서 밝힌 바 있지만 타짜의 꼬임에 넘어간 우리 집의 우환거리 경우도 마찬가지이다.

자신의 노력으로 땀 흘려 벌어야 쉽게 잃지 않는다.

무지개만 쫓는 경우는 그 말로가 뻔하기 때문이다.

당하는 이들은 주로 세상을 쉽게 생각하는 성격의 소유자거나 적어도 자신의 원칙과 소신을 가지고 있지 않은 경우가 대부분이다.

직장인 중에도 흔하지 않지만 남 부러운 직장에 다니다가 도박판에 정신이 팔려 알거지 신세가 되는 경우가 있다. 특히 조심해야 할 것은 퇴직한 공무원 등을 노리는 소위 타짜 같은 사기꾼들이 있다는 것이다.

A라는 친척의 경우를 예로 들면 그의 부친께서는 공무원 출신이다. 평생을 착실하게 생활하신 분이시다. 요즘은 일절 바깥 출입조차 하지 못한다. 몸이 불편해서가 아니라 가진 돈이 없어서다.

그 분은 퇴직금으로 꽤 많이 받은 돈을 불과 1년도 안되어 몽땅 날리고 그것도 모자라 살고 있는 집에는 압류까지 들어왔다. 소위 적적함을 못 이겨 소일거리로 등산을 다니다 알게 된 사람들의 꾀임에 넘어가 조그만 일에 개입을 했고 소위 '사장님'하면서 꼬드겨 보증을 세웠던 것이다. 일종의 바지사장 역할을 맡긴 것이다.

그들은 그 후 작정하고 도망을 갔고 그 보증대금은 아들인 A의 몫으로 돌아왔다. 간신히 대출을 받아 집만은 지켰지만 그 후유증은 오래갔다.

퇴직당시 받은 퇴직금을 매년 용돈 정도로 쓰거나 자신의 노후를 위해 사용한다는 철저한 계획을 세웠더라면 지금까지도 돈 걱정은 안하고 살 수 있었다. 아들 부부가 맞벌이였기에 생활하는데 전혀 지장이 없었기 때문이다. 그러나 지금은 사정이 달라졌다. 대출금 및 이자를 감당하느라 힘들어 하고 있다.

왜 이런 일이 발생했을까? 세상을 너무 믿어서? 아니다 **노후를 생각하여 자산배분을 적절히 해 놓지 않았기 때문**이다. 그리고 퇴직 후에도 현직의 미련이 남아 서다.

"정승집 개가 죽으면 문전성시를 이루지만 막상 정승이 죽으면 이미 떨어진 갓끈이기에 그 누구도 찾지 않는다."는 속담을 다시 한 번 되새기며, 스스로 한발 물러나 욕심을 줄일 필요가 있다.

그리고 자신의 원칙과 소신을 끝까지 꽁꽁 붙들어 매어 놓아야 흔들리지 않는다.

008 나의 대차대조표와 현금흐름표

> 내 돈의 양이나 흐름도 모르면서 재테크 한다고 여기저기 기웃거리지 말아라. 돈의 흐름을 통제할 수 있어야 돈의 주인이 될 수 있다.

재테크의 아주 기본 중에 기본이 수입과 지출의 현황을 자세히 알고 통제하는 일이다.

어느 노트 귀퉁이에 아무렇게나 자신의 자산과 대출현황을 쓰는 것만으로는 정확히 돈의 흐름을 알 수 없다. 또 보험을 들긴 들었는데 어떤 목적으로 가입한 무슨 보험이며 보장자산의 크기는 어느 정도 인지, 신용카드 대금은 얼마인지 등을 기록하여 자신의 자산의 종류 및 소비성향 등을 파악할 수 있다. 다음과 같이 개인의 대차대조표와 현금흐름표를 작성하여 관리하는 것으로도 재테크에 절반은 이미 성공이다라고 감히 말할 수 있다.

다음의 표를 참고하여 본인에 맞는 대차대조표와 현금흐름표를 만들어 이용해 보라. 10원 짜리 하나까지 통제가 가능함을 알 수 있을 것이다.

[나의 대차대조표]

〈 년 월〉

자산	금액	부채	금액
현금과 같은 자산		소비성이 있는 부채	
- 예금, 적금	1,000,000	- 신용카드 현금서비스	200,000
- CMA(MMF)	3,000,000	- 개인신용대출	10,000,000
- 양도성예금증서	0	- 자동차할부금	15,000,000
- 보험해약환급금	500,000	주거와 관련있는 부채	
투자하고 있는 자산		- 주택담보대출상환액	0
- 펀드	1,000,000	기타부채	0
- 주식	0		
- 투자부동산	0	계	25,200,000
- 보석, 수집품 등	0		
사용하고 있는 자산		순자산(자산-부채)	15,300,000
- 주택	0		
- 임차보증금	20,000,000	1. 부채비율	62%
- 자동차	15,000,000	2. 유동성비율	10%
기타자산		3. 수익성비율	12%
- 분류모호한자산들	0		
보험의 종류 및 보장자산	(참고용으로 기록)		
계	40,500,000		

표(나의 대차대조표와 뒷면의 나의 현금흐름표)에 나오는 형식은 임의로 적어본 것이다. 개인의 성향에 맞게 종목의 이름도 바꿔서 하거나 아주 다른 방법을 사용해도 좋다. 단 주의할 점은 매일

가계부를 쓰듯이 점검을 해야 한다는 것이다.

가계부를 겸한 현금흐름표를 만들어도 좋다. 현금흐름표에 부표를 만들어 가계부식으로 하루에 쓴 돈을 기록하고 그 합계를 현금흐름표 해당란에 옮겨 적으면 된다. 그러면 지금의 상태가 예상 수입에 대비하여 과다지출인지 또는 그렇지 않은지를 단번에 알 수 있어 바로 통제가 된다. 그리고 직장에서도 사용이 가능하다. 이동식 메모리를 사용하면 되기 때문이다.

개인 대차대조표는 왼쪽에 자산, 오른쪽에 부채를 적는 방법을 사용하였다.

〈나의 대차대조표〉에서 '1.부채비율'은 안정성을 나타내며 적어도 20~30% 이내가 좋다. 그러나 62%로 상당히 높은 상태임을 알 수 있다. 따라서 부채비율을 줄이는데 노력해야 한다.

'2.유동성비율'은 CMA(MMF)를 포함한 입출금과 예적금이 10~ 15% 내외가 좋으며 이는 비상금의 역할을 한다. 물론 안정성을 택하는 사람이라면 이것이 높게 나타난다.

'3.수익성비율'은 예적금 + 유가증권 + 투자부동산을 나타내며 30%이상이 돼야 한다. 물론 이제 시작단계이라면 어쩔 수 없지만 차츰 높이려고 노력해야 한다. 반면 30%이하라면 평생 자신의 노동력에 의지해야 하며 노후가 상당히 불안한 상태이다. 즉 평생 일자리를 가져야 한다는 이야기다. 그리고 보험의 경우는 해약환급금을 기록해야 정확하며, 자동차의 경우도 중고차 시세를 적용하는 것이 좋다. 그리고 자산이 늘어날수록 소모품성 자산은 보수적인 관점에서 보다 낮게 평가하는 것이 좋다.

[나의 현금흐름표]

〈 년 월〉

수 입 (세금을 공제한 후 실질소득 기재)		지 출 (고정적으로 나가는 돈, 변동 되어 나가는 돈으로 나누어서 기재해도 됨)	
- 근로소득(급여)	2,000,000	- 자동차할부금 및 그이자	250,000 (이자 80,000)
- 수 당	60,000	- 개인신용대출 상환 원금. 이자	260,000 (이자 70,000)
- 기타소득 (알바 등)	100,000	- 적금	100,000
		- 펀드	100,000
		- 생활비(의시주)	500,000
계	2,160,000	- 교통비(자동차)	200,000
		- 용돈(경조사비용포함)	200,000
		- 학원비	100,000
1. 저축비율	14%	- 신용카드결재대금	200,000
2. 금융비율	7%	- 보험료	100,000
		- 부모님생신	100,000
		- 기타	50,000
		계	2,160,000

위의 개인현금흐름표에서 유의할 점은 월초에 그 달의 예상수입을 기록하여 추정해보고 급여일 날 실질소득으로 확정을 하면 된다.

'1.저축비율'은 외 벌이는 최소 25~30% 이상이 돼야 하며, 맞벌

이는 40%이상이 되어야 좋다. 위의 표를 보면 14%로 낮음을 알 수 있다. (적금+펀드+보험료)

'2.금융비율'은 이자금액을 말하며, 적어도 20% 이내가 좋으며 낮으면 낮을수록 좋다.

위의 두 가지 표와 각 비율은 임의대로 작성하여 주관대로 판단해본 것이다. 따라서 각 비율은 참고 자료로만 사용하기 바란다. 또 위의 표는 본인의 상황에 따라 여러 가지로 변형해서 사용해보아도 좋다. 즉 자산과 부채를 왼쪽과 오른쪽이 아닌 위아래로 나타내거나 아니면 좌우를 바꿔서 하거나 또는 각 부문의 명칭을 좋아하는 이름을 사용하여도 된다. 스스로 몇 번만 작성해 보면 익숙해지게 됨으로서 자신의 예상수입과 지출을 검토해 보고 조정하게 되며, 계획성 있는 생활을 하게 된다.

그러나 늘 저축을 늘리고 지출을 줄이는 방법을 생각하기 바란다.

그래야 "200만 원을 버는 김 아무개는 100만 원을 저축하는데 이보다 고소득자인 이 아무개는 다음 달 돌아올 신용카드대금과 대출이자를 걱정한다."는 소리를 듣지 않는다.

009 부동산-왕 초보의 눈으로

초보 직장인은 종자 돈을 모으는 일에 충실하고, 살집을 마련하는 것이 우선이다. 꼭 하고 싶다면 공부를 해 두어라. 공부한 자에게는 30년 전이나 30년 후에도 기회는 항상 찾아오게 마련이다.

부동산 투자의 대표적인 대상이 토지와 주택이다. 토지와 더불어 주택을 대표하는 아파트의 투자가 그동안 한국 사회문화에 많은 영향을 끼쳤음은 자명한 사실이다. 부동산 불패 신화를 써가며 점철 되어온 영광은 한없이 계속 될 것 같은 망상마저 든다.

그럼에도 초보자에게는 살집을 제외하고는 별로 권하고 싶지 않다. 몇 가지 이유에서다.

첫째는 환금성이 금융상품에 비해 떨어진다는 것이며, 투자 수익을 회수하는 기간이 길기 때문이다.

둘째는 세상에 영원한 것은 없다라는 진리를 생각해보면 지금의 부동산 투자가 갖는 속성이 매우 불안정하기 때문이다.

통일 독일의 경우를 볼 때에도 그렇다. 남북통일이 되면 부동산에 있어서 진짜 거품이 꺼질 수 있다는 사실이 걱정된다. 우선 통일이 되었을 때 투자의 핵이 북한 쪽으로 옮겨 갈 수 있다는 생각이다. 그럼으로서 포화상태에 이른 남한 쪽이 상대적으로 타격을 입을 수밖에 없다.

셋째, 경기사이클의 변화에 대한 위험노출이 상대적으로 크다. 경기사이클 상 침체기로 돌아서면 상상 외로 가격변동이 심하게 되어 한 번 손해를 보면 회복하기가 힘들다는 것이다.

현재의 집값에 비해 무려 2/10정도 내지는 적어도 1/2까지 수직낙하를 하는 수도 있어 수익 회수는 고사하고 손실을 줄일 수 있는 기회조차 빼앗기기 때문이다.

마지막으로 구성인구 변화에 따른 위험이다. 저출산율과 베이비붐 세대(일반적으로 55년생~67년생)의 점진적 퇴진이 가져오는 세대수 감소와 주택수요 감소 때문이다.

결혼 초기 월세 방 생활을 끝내고 아내와 전셋집을 구하기 위해 부동산 중개소를 전전할 때의 일이다. 부동산에 대해 그다지 공부를 하지 않았던 탓도 있었지만 알 수 없는 불안감이 들었다. 전세자금이 월세에 비해 너무 크다보니 잘못되면 어떻게 하지라는 막연한 불안감이었다.

그 후 열심히 공부하여 확정일자를 받아야 한다는 사실과 대상 아파트에 신 순위로 저당권이 있는 채권에 대해 파악을 해야 한다는 것을 알 수 있었다. 물론 그 외에도 복잡한 상황이 많이 있어 차차 공부하기 시작했다.

어렵게 구한 전셋집이 다행히도 선 순위 채권자가 은행이었고 그 금액이 아파트 분양 시 기본으로 잡힌 정도여서 안심하고 들어갔다. 그럼에도 주인이 이혼녀라는 사실에 약간은 찜찜했다. 왜냐하면 혹여 분쟁이 끝나지 않았을 경우 경매까지 가는 최악의 상황을 고려하지 않을 수 없었기 때문이었다. 그러나 그 집 외에는 더 나은 조건의 아파트가 없었기에 하는 수 없이 계약을 하고 말았던 것이다.

얼마 지나지 않아 우려했던 일이 현실로 나타났다. 경매가 진행된다는 법원의 안내문이었다. 이때부터는 경매에 대해 많은 공부를 하였다. 다행히도 확정일자를 받았고, 전입신고를 하였으나 전세권설정은 하지 않았다.

당시 아파트의 매매가는 6천 만 원 정도였고, 채권사항은 다음과 같았다.

A은행 근저당 : 근저당권 설정 채권 최고액 2,340만 원(실제 차입금 1,800만 원) –은행에서는 이자 및 비용을 생각하여 약 130%의 근저당을 설정하였다.

소액임차인 : 전세금 4,300만 원(확정일자 취득, 전입완료 및 실제거주) - 전세입자인 나의 상황이다.

B금융 가압류 : 금액 3,000만 원

세입자 보호 차원에서 만든 최우선변제 소액임차보증금 제도가 있다.

현재 다음의 표와 같다.(2008. 8. 21기준)

구 분	보증금 한도	최우선변제 금액
서울, 수도권	6,000만 원	2,000만 원
광역시(군 지역, 인천광역시제외)	5,000만 원	1,700만 원
그 외 지역	4,000만 원	1,400만 원

그러나 대부분의 아파트는 전세금이 보증금 한도를 초과하기 때문에 최우선변제소액임차보증금 자격에 해당되지 않으며, 또 그 금액을 받아 보아야 전세금에 미치지 못한다. 그리고 당시에는 800만 원이었기 때문에 전세보증금 4,300만 원에 비해 턱없이 낮았다.

따라서 앞선 순위의 근저당 채권금액을 파악하고 경매에 참가를 해야 하는 상황이 되었다.

A은행에 이어 대항력을 갖추고 있었기 때문에 2순의 자격이 있었다. 그럼으로써 가압류권자인 B금융이 자신의 채권을 회수하기 위해서는 낙찰가가 A은행의 2,340만 원 + 전세입자 4,300만 원= 6,640만 원을 넘어야 가능하다. 그러나 매매가가 그 이하이기 때문에 실익이 없었다.

나의 경우도 급하긴 마찬가지였다. 누군가가 그 당시 통상 낙찰가인 4,500만 원을 쓸 경우(4,500만 원-선 순위 채권 2,340만 원) 2,160만 원을 간신히 건질 수 있기에 하는 수 없이 경매에 참가하여 낙찰을 받기로 결심하였다.

경매 당일 다른 사람이 입찰을 하지 않도록 피켓을 만들어 "세입자가 입찰을 하오니 경매 신청 시 고려하시기 바랍니다."라는 문구를 적어 한 바퀴 돌았다. 그리고는 확실히 낙찰이 되도록 좀 더 높게 5,000만 원을 썼고 물론 낙찰이 되어 어쩔 수 없이 집 주인이 되었다. 그러나 법원 경매장에서 피켓을 만들어 돌아다니며 노력했음에도 불구하고 여러 명이 경매에 참가하였다는 사실에 놀라움을 금치 못했다.

이익에 있어서는 피도 눈물도 없다는 것도 이 때 뼈저리게 느꼈다. 후에 5,800만 원에 되팔아 손실을 줄이고 다른 곳으로 이사를 갈 수 있었고, 이전에 잠시 했던 토지 투자와 더불어 아파트 경매를 경험하면서 부동산에 대해 많은 것을 알 수 있는 계기가 되었다.

특히 부동산은 세세한 공부를 많이 해야 한다는 사실과 함께 거래금액이 크기 때문에 전셋집을 구할 때라도 상당히 주의를 해야 한다는 귀중한 경험을 얻었다.

부동산에 있어 공부를 해야 한다는 사실 외에 아주 중요한 사항이 또 있다. 지금까지 귀가 따갑도록 하였던 말이지만 "**발품을 많이 팔수록 그만큼 성공확률이 높다**"이다. 부동산에 있어서도 아주 잘 어울리는 말이다. 토지든 아파트이든 실제로 현장을 방문해 보아야 장단점을 파악 할 수 있다. 특히 공부(公簿)상에는 나타나지 않는 하자사항을 발견할 수 있어 실패를 줄일 수 있음을 명심하기 바란다.

발품의 중요성을 설파한 포토 저널리즘의 창시자이며 보도사진의 전설로 알려진 로버트 카파의 이야기를 빌려 보겠다. 추종자와 더불어 매그넘이라는 단체를 만들며 종군사진기자로 활약했던 그는 이런 말을 했다고 한다. "당신의 사진이 만족스럽지 않다면 충분히 가까이 가지 않은 것이다." 좀 더 가까이 다가가 현장의 목소리를 들어야 만족할 정도의 사진을 찍을 수 있다는 말로 들린다. 즉 발품을 많이 팔수록 만족할 만한 사진이 나온다는 얘기이다. 부동산 투자에도 꼭 맞는 말이다.

그리고 덧붙이자면 부동산 매매시에는 "남이 먹을 꺼리는 반드시 남겨 놓고 나와라"이다. 그래야 회전이 빠르다. 증시격언에 있는 "무릎에서 사서 어깨에서 판다"와 비슷한 논리이다.

꽤 몇 년 전으로 기억되는 재미있는 배추밭 사건이 있었다. 당시 전국적으로 봄 가뭄이 심하자 강원도의 고랭지 배추지역이 들썩이기 시작했다. 계곡이 깊어 가뭄을 상대적으로 덜 타 반사이익을 얻게 된 것이다. 전년도에는 차당 90만 원 정도의 가격이 무려 5배에서 6배까지 뛰었다. 대부분은 적당한 가격에 팔아 상당한 이익을 취하였으나 끝까지 전체를 다 먹으려던 한 사람이 있었다. 그는 어깨 부분보다 큰 머리 부분까지를 다 취하려다 결국을 팔지 못하게 되고 곧바로 가격이 떨어져 오히려 손해를 보는 어처구니 없는 일을 당하게 된 것이다.

세상에 공짜 식사가 없듯이 하나하나에 신경을 써서 공부하고 노력하여 늘 세상을 항해할 준비를 해두어야 한다. 특히 부동산에 있어서는 한 번의 실패가 그 동안 모은 돈을 한꺼번에 날릴 수 있는 기회를 제공할 수 있기에 더욱 더 유의하길 바란다.

010 어느 초보여성의 눈물

[안전자산은 1+1=2가 되지만 투자자산은 1+1=@ 또는 1+1=-@가 될 수도 있다.]

어느 날 평소 알고 지내던 부동산중개소 사무실을 방문하였다. 아파트를 거래할 때 중개를 해준 분이라 안면이 있고, 더불어 요즘의 부동산 거래 근황을 파악할 겸해서였다.

그 때 이상한 장면을 목격했다. 어느 여성이 눈시울을 붉히며 계약서에 사인을 하고 있었던 것이다. 가고 난 후 그 이유를 물어 보니 눈물이 날만도 했다. 사회에 진출하여 알뜰살뜰 종자돈을 천 칠백만 원을 모았으며 그 돈을 남들이 하는 대로 굴려 보고자 외곽지역에 있는 미분양 아파트에 투자를 했던 것이다. 중도금은 분양회사에서 알선하여 대출을 받았고 일정기간 후에 다시 되팔아 차익을 챙기려 했던 모양이다.

결론적으로 입지가 좋지 않은 지역인데다 경기까지 안 좋아 프리미엄은 고사하고 오히려 프리미엄을 붙여 되팔아야 될 상황에 처한 것이다. 가진 돈이 없어 중도금이자 감당이 되지 않았으며 전세도 나가지 않았기 때문이었다. 그나마 어렵게 모은 종자돈마저 날리고 오히려 5백만 원에 가까운 빚까지 지게 되었다.

부동산 뿐만 아니라 투자라는 속성이 **원금보장이 안될 수도 있다는 것을 늘 명심해야 한다.**

종자돈을 모았을 경우 그 돈을 투자를 통해 굴려서 더 크게 만들어야 된다는 등의 재테크 책자를 맹신해서는 절대 안 된다. 아무데나 함부로 투자한다고 다 돈이 굴려지는 것이 아니다. 세상사가 그렇게 만만하다면 누군들 돈을 굴려 부자가 되지 못하였을까?

한때 엄청난 경쟁률 때문에 로또라고 대서특필 되었던 판교신도시 아파트를 보아도 그렇다. 갑자기 세계경제가 침체되어 애물단지로 전락해 일부 환매 및 계약해지가 일어날 줄 누가 상상이나 했겠는가.

물론 이 시기를 견디면 지금보다 더 나은 여건이 조성될 수도 있지만 현재의 상황을 견디기 힘들어 해지를 하는 사례가 나타나고 있는 것이다. 따라서 부동산에 투자할 때에는 첫째 지역여건과 주변환경을 살펴 가능성이 높은지를 철저히 조사하고, 둘째 **최악의 상황을 고려하여 내가 과연 그 상황이 된다면 감당할 수 있겠는가를 반드시 고려해야 하며, 셋째 아무리 경기가 호황이라도 절대 과투자를 해서는 안 된다.**

마지막으로 종자돈을 마련하여 굴릴 때는 안전한 은행을 이용하여 투자를 감당할 수 있는 수준까지 끌어올리고 해당 분야에 대한 공부를 많이 해두기 바란다. 준비하는 자에게는 기회가 찾아오기 때문이다.

011 금융상품-왕초보자의 눈으로 알아보자

[처음 대하는 직장인의 시각에서 보았다. 중요한 것은 관심을 가지고 반드시 발 품을 팔아라. 그런 만큼 돈의 크기는 달라진다.]

어렵게 금융기관의 상품을 나열하기 보다는 꼭 필요한 내용만으로 간단히 숲을 볼 수 있는 정도만 기술하려 한다. 거듭 이야기 하지만 나무 부문은 본인이 직접 발품을 팔아서 알아봐야 실력이 쌓인다. 그리고 세세한 것까지 모두를 열거하기에는 한계가 있기 때문이다.

금융기관의 상품은 크게 예금, 대출 및 투자 상품으로 구성되어 있다. 그 이외에도 보험부문, 신용카드부문 등을 따로 떼어서 구분하기도 한다. 원래 투자은행과 달리 상업은행의 기본은 불특정다수에게서 예금을 유치하여 그 자금을 대출로 운영하여 수익을 얻는 간접금융 구조이다.

▶▶ 예금을 보면

1) **입출금 통장**(각 기관마다 이름은 다양)

수시입금과 수시출금이 가능하다. 단 이율은 아주 형편없다. 각종 공과금 이체 및 급여통장으로 많이 사용하며, 타인에게 송금하거나 꿔 준 돈을 받을 때 주로 불러주는 계좌로 사용한다.

예) 보통예금통장, 성공비즈니스통장, 매직트리통장, 샐러리맨 특급통장 등이 있다.

2) **적금 통장**(각 기관마다 이름은 다양)

매달 일정하게 불입하여 쌓는 통장으로 이율이 제법 된다. 특히 종자돈을 만들 때 이용하기 좋은 통장이다. 자주 돈이 생기는 사람을 위하여 입금은 아무 때나 자유롭게 할 수 있는 것도 있다. 그러나 뺄 때는 해지를 해야 된다.

예) 평생우대적금, 자유로우대적금, 정기적금 등이 있다.

3) **정기예금 통장**(각 기관마다 이름은 다양)

이것은 적금을 통하여 어렵게 마련한 종자돈을 예치하는 통장이다. 예로 오백 만 원을 마련했을 경우 짧게는 1개월에서 길게는 수년까지 약속한 기간 동안을 그냥 빼지 않기로 하고 두는 것이다. 따라서 이자율이 상대적으로 높다. 정기예금의 이자율을 가지고 자기네 회사가 더 높다고 선전하며 자금유치를 할 때 많이 쓰는 예금이다. 이 예금에 열정을 갖는 이유는 금융기관이 목돈을 장기간

편하게 활용할 수 있기 때문이다. 통장개설 후 인출을 하거나 추가 입금에 제한이 없는 경우도 있다.

요즘은 예금과 적금의 장점을 한데 모은 자유적립식 상품이 인기를 끌고 있다. 이 상품은 돈이 생길 때마다 원하는 금액을 자유롭게 입금할 수 있는 점에서는 기존 상품과 비슷한 면이 있으나, 금리가 정기예금 못지않게 높다는 것이다. 따라서 적립식 펀드 대안으로 각광을 받고 있다. 투 인원 적립식 정기예금 상품이 그 예이다.

예) 알짜배기 저축예금, 자유로 정기예금, 큰만족 실세예금, 지수연동예금(ELD) 등이 있다.

4) 기타 저축성 예금

① 주택청약예금, 주택청약부금, 주택청약저축 등의 통장은 말 그대로 주택을 청약하기 위한 조건을 갖추는 통장이다. ② 세금을 절약할 수 있는 절세형 상품으로는 장기주택마련저축통장(연말정산 혜택), 연금저축통장(연말정산혜택), 세금우대종합저축(이자소득에 대해 나라에서 세금을 뗄 때 좀 적게 뺏기는 것으로 농협의 준 조합원으로 가입하여도 절약이 된다.)

▶ 대출을 보면

1) 신용대출

이것도 각 기관마다 이름이 천차만별이다. 말 그대로 본인의 신용상태를 측정하여 대출해 주는 상품으로서 거래은행의 공헌도 및 수입의 정도 등에 따라 부과되는 이자가 차이가 난다.

지금은 많이 없어졌지만 주로 지인을 보증인으로 내세워 대출을 해주는 경우도 있다. 바로 이때 친구가 보증을 서 달라고 전화를 해도 절대 응하지 말라는 것이 이 부문이다.

2) 담보대출

주택을 담보로 하던지 또는 땅을 담보로 하던지 무언가 떼이지 않을 만큼의 환산가치를 산정하여 취급한다. 주로 부동산을 담보로 잡고 내주는 경우가 대부분을 차지한다. 이때도 담보가치가 부족할 경우 친구가 염려 말라며 일부 인(人)보증을 요구하기도 하는데 이 역시 거절해야 한다.

요즘 대부분의 주택대출 상품은 CD 연동형으로 CD의 이자 %에 + 가산금리 몇% 식으로 산정한다. 이 때 사용하는 CD[certificate of deposit]는 양도성 예금증서를 말한다. 즉 정기예금에 대하여 발행하는 무기명 예금증서이다. 따라서 주택대출이 이 양도성 예금증서의 금리에 따라 움직이게 된다.

은행에서 단기자금을 끌어 들일 때 주로 발행하며, 특히 은행에서 돈이 모자랄 때는 당연히 CD금리가 올라가며, 반대의 경우에는 금리가 내려간다. 절대 음악 CD가 아님을 유념하기 바란다. 무기명이며 양도가 가능하다. 즉 매매를 할 수 있다는 말이다.

▶ 투자상품을 보면

1) 신탁상품

개인에게 신탁금을 수탁 받아 일정기간 동안 운용한(유가증권이나 대출 등) 후 신탁원본과 이익을 가입자에게 지급하는 상품으로 실적배당형과 확정금리형이 있다.

예) 특정금전신탁, 연금신탁(안정형, 채권형), 개인연금신탁(연말정산혜택)

2) 수익증권

일반인으로부터 돈(투자금)을 받아서 대규모의 공동기금(FUND)을 조성한 다음 주로 유가증권에 분산투자 하여 얻은 수익을 배분하는 방식이며 여러 가지이지만 보통 펀드상품이라고 생각하면 된다.

아주 다양한 상품이 있다. 물론 위험은 본인이 져야 한다. 따라서 위험을 지기 싫은 경우는 안전한 확정상품인 예금을 이용하면 된다. 판매는 주로 은행 및 증권회사에서 하고 운용은 별도의 자산운용회사가 한다. 2008년부터 3년 이상 장기 펀드에 가입하는 경우 연말정산 혜택을 받을 수 있다.

예) 우리아이3억 만들기 주식투자 1호, 미래에셋 디스커버리 주식형 4호 Class A, 장기주택마련펀드(연말정산혜택)

3) 파생상품

이것도 종류는 무지 많다. 그러나 필자는 절대 권하고 싶지 않다. 특히 사회 초년생에게는 더더욱 그렇다. 그만큼 위험이 크기 때문이다.

파생상품(derivative securities)은 주식, 채권, 금리, 외환 또는 일반상품 등을 기초자산으로 하여, 새롭게 거래할 수 있는 상품을 말 그대로 파생시킨 것으로 보면 된다. 대표적인 파생상품으로는 선물, 옵션, 스왑 등이 있다. 파생상품의 주요목적은 위험을 감소시키는 헤지[hedge]기능이나, 레버리지[leverage]기능이다.

그러나 위험을 피하자는 기능이 오히려 위험이 더 클 수도 있다는데 문제가 있다. 작은 금액으로도 보다 큰 상품을 매매할 수 있는 레버리지 기능도 있지만 이것이 그만큼 위험을 수반하기 때문에 웬만하면 권하고 싶지 않다. 즉 주식투자에 비해 고위험 고수익의 특징이 있다.

예) ELW(equity linked warrant 주식 워런트 증권 2005년 도입), 주가지수 선물, 주가지수 옵션, 신용부도스왑(CDS) 등

▶▶ 보험부문을 보면

1) 보장성 보험

보험은 여러 사람이 돈을 모아 재해나 질병 등으로 입게 될 피해를 헤지[hedge]하기 위한 것이다. 즉 혹시 큰 타격을 입게 될 경우 어떻게 하면 돈을 적게 써서 피해를 최소화 할까 하고 생각하다가 만든 것으로 이해하면 된다.

보장성 보험은 원초적 성격의 보험으로서 각종 재해나 질병으로 인한 사망 등을 주로 보장하며, 낸 보험료에 비해 상대적으로 크게 보장이 된다. 그러나 해약 시에는 별로 돈이 안 된다. 그동안 낸 돈 대부분이 없어진다고 보면 된다. 말 그대로 보장을 주 타겟으로 하는 보험이기 때문이다.

나이가 한살이라도 젊었을 때가 그나마 보험료가 싸다. 왜냐하면 질병 등의 사고가 일어날 확률이 그만큼 적기 때문이다. 그리고 필자가 누누이 부탁하는 보험으로서 적어도 건강보험 정도는 반드시 들어두라. 특히 운전하는 경우 운전자보험은 필수로 생각하라.

2) **저축성 보험**

위의 보장성 보험에다 저축성을 가미한 것이다. 주로 기간이 길다. 그래야 저축의 목적을 이룰 수 있다. 왜냐하면 은행과 달리 사업비용 등이 들어가기 때문에 은행에 비해 가입기간이 길어야 그만큼 돈이 되기 때문이다. 보장성과 저축성이 반반정도로 혼합한 것도 있으나 아주 작정하고 저축성을 90% 정도로 하고 보장성을 10% 정도로 하는 상품도 있다. 이것을 통해 자금을 끌어 드리는 수단으로 사용하기 때문이다.

3) **생명보험**

무지 헷갈리는 말이다. 보험은 보험인데 생명보험회사와 손해보험회사가 따로 있으며 또 무슨 무슨 화재보험회사는 어떻게 다를까? 천천히 알아보자.

인(人)보험의 대표적인 것으로서 생명에 관한 보험은 생명보험이고 이것을 제외한 모든 것은 손해보험이라고 보면 된다. 생명보험에도 보장성 보험과 저축성 보험이 가미된 상품이 있다.

예) 종신보험, 리빙케어보험, 변액유니버셜종신보험

4) 손해보험

보험자가 우연한 사고(보험사고)로 생기는 손해를 전보(塡補)할 것을 약정하고, 보험계약자가 이에 보험료를 지불할 것을 약정하는 보험(상법 665조). 주로 재산적 손실을 계약 한 만큼 보장하는 생명보험을 제외한 모든 보험(non-life insurance)이 손해보험에 해당한다. 여기도 보장성 보험과 저축성 보험이 가미된 상품이 있다.

예) (무손 무손) 운전자 보험, 화재보험, 자동차보험

5) 화재보험

손해보험의 종류로서 화재로 인하여 발생하는 손해를 약정한 만큼 보장하는 보험이며, 사명으로 쓰이는 것과는 구별해야 된다. 화재라는 용어가 보통은 삼성화재니 동부화재니 하는 손해보험회사의 이름으로 많이 쓰인다. 이유는 회사명을 지을 때 당시에는 영위하는 업종 중에서 대표적인 업종을 사명으로 쓰게끔 되었던 것으로 알고 있다.

6) 자동차 보험

손해보험의 종류로서 보험의 목적이 자동차이다. 자동차를 갖는 것, 사용하는 것 등에 대하여 손해를 약정한 만큼 보장하기 위한 보험으로 보면 된다. 이 보험은 주로 손해보험회사에서 취급한다. 요즘은 교차판매의 일환으로 생명보험회사에서 손해보험 상품을 판매 하며, 마찬가지로 손해보험 회사에서도 생명보험사의 상품도 취급한다.

7) 보장자산

말 그대로 사망 시 혹은 보험가입 목적에 해당되는 때에 나오는 보험금을 말한다. 주 소득원으로서 갑자기 사망을 하거나 그에 상응하는 일이 생겼을 때 가족구성원에게 도움이 될 정도의 보장자산을 가지고 있어야 한다는 논리로 강조하는 말이다. 아주 맞는 말이다. 보험을 가입했는데 보장부분이 아주 작든지 혹은 아예 빠져있든지 하는 부분을 적절히 체크해 봐야 한다.

8) 고지의무

고지의무 [告知義務]는 보험 계약 시 보험회사에 알려야 하는 의무로서 부실하게 알리면 안 된다. 후에 보험금 산정에서 부실고지로 인하여 보험금 지급을 안 할 수 있기 때문이다.

다시 말해 보험회사에서 질문하는 내용에 절대 숨기지 말고 성실하게 답변을 하면 된다. 반드시 청약서 등의 질문지에 자필서명을 하거나 녹취 등으로 근거를 남겨야 한다. 구두로 대충 얘기해서는 분쟁의 소지가 있기 때문이다.

계약 전 알릴 사항의 질문지를 예로 들면 "최근 5년 이내에 의사로부터 진찰 검사를 받고 그 결과 입원, 수술, 정밀검사를 받았거나 계속해서 7일 이상 치료 또는 30일 이상 투약을 받은 적이 있습니까?" 등이다. 따라서 한 살이라도 젊을 때 가입하라는 의미가 여기에 있다. 나이가 들어갈수록 지병이 커지게 되면 보험가입에 불리해지거나 아예 안 되는 수가 있다. "건강할 때 건강에 더욱 주의를 해야 한다."는 말처럼 젊을 때 보험에 신경 쓰고 가입을 하기 바란다.

▶▶ 신용카드를 보면

1) 다양한 카드회사가 있다. 교통카드기능 및 각 업체와 제휴된 기능도 가지고 있다. 신용카드 사용금액은 연말정산 때 혜택을 받을 수 있는 장점도 있다. 원래의 목적은 투명한 거래와 신용사회를 지양하는 것이다. 지참하기 불편한 돈(지폐나 동전) 대신 휴대가 편리하고 개인의 신용이라는 무형의 자산을 담보로 하여 선 사용 후 결제라는 방식을 사용한다.

주의할 점은 현금이 수반되지 않아서 자칫 과소비로 이어질 수 있다는 점이다. 현금을 내면 아까운 마음이 드나 신용카드로 결제하면 당장의 현금이 눈에 들어오지 않아 아까움이 덜 할 수 있다. 따라서 신용카드도 다음달에 결제를 해야 한다는 생각을 늘 가지고 가능한 범위 내에서 계획적으로 사용하여야 한다.

예) 비씨카드(가입한 은행별로 별도 비씨카드 발행), 현대카드, 삼성카드, 롯데카드, 신한카드 등

2) 체크카드

지불할 돈을 결제하는 수단의 카드이며, 결제계좌의 잔액 범위 안에서만 사용할 수 있기 때문에 신용불량이 발생하지 않는다는 장점이 있다. 즉 연결된 통장에 있는 돈의 액수 만큼만 사용이 가능하다는 것이다. 이 역시 연말정산 혜택이 있다.

직불카드와 마찬가지로 계좌의 잔액 범위 안에서 사용할 수 있지만, 편리하게 지참할 수 있으면서도 일반 카드처럼 폼 잡고 멋있게 그을 수 있으며, 과다한 소비를 방지할 수 있는 아주 좋은 카드이다.

직불카드에 비해 신용카드를 사용할 수 있는 곳이면 대부분 사용이 가능하며, 24시간 사용할 수 있다는 장점이 있다.

예) My Check IC카드, 하나 World Plus 카드, 짱(ZZANG) 체크카드, Hi 체크 카드, OK 체크카드 등

3) 직불카드

통장 잔액 범위 내에서 사용할 수 있는 카드이며, 요즘은 체크카드가 대세라 별도로 알 필요가 없다. PINPAD가 설치된 가맹점 수가 작기 때문에 사용이 불편하기 때문이다. 국내에서 직불카드는

금융 공동망 가동시간에만 결제가 가능하므로 24시간 이용 가능한 체크카드에 비하여 결제가 가능한 시간이 제한되어있다. 신용카드를 사용하는 곳이면 체크카드를 사용할 수 있기 때문에 주로 체크카드를 발급하여 사용하므로 직불카드 사용자 수가 적다. 이 직불카드 역시 연말정산 혜택이 있다.

▶ 기타 초보자에게 꼭 필요한 몇 가지

1) MMF [Money Market Funds]

고객의 돈을 모아 단기금융상품에 투자하여 수익을 얻는 상품.

주로 1년 미만의 기업어음(CP)이나 양도성예금증서(CD)등의 국공채에 투자하여 얻은 수익을 고객에게 돌려주는 만기 30일 이내의 금융상품이다. 수시입출금이 가능하고 가입금액에 제한이 없다. 펀드투자상품으로 예금자보호가 되지 않는다. 금리는 CMA와 비슷하다.

2) CMA [Cash Management Account]

종합자산관리계좌라고도 한다. 아무 때나 돈을 넣고 뺄 수 있다. 2005년부터 증권화사에서 취급한다. CMA는 예금자보호대상이 아니다. 그러나 종합금융회사의 CMA는 예금자보호법에 따라 원금과 이자를 포함하여 최대 5,000만 원까지 보호를 받을 수 있다.

공과금 이체와 체크카드를 만들어 쓸 수도 있다. 하루만 맡겨도 높은 이자를 지급한다. 주로 환매조건부채권(RP)나 MMF에 투자

한다.

그러나 여기서 주의할 점이 있다. 첫째, 예를 들어 1,000,000원을 10일간 연 4.5%의 CMA계좌에 맡긴다면 이자는 1,000,000원 × 10일 × 0.045 / 365 = 1,232원이 된다. 즉 단순계산으로 약 45,000원이라고 착각하는 경우가 있을 수 있다.

둘째, 단기의 자투리 자금이나 목돈을 단기로 굴릴 때는 적당하지만, 6개월 이상 장기자금을 굴릴 때는 그래도 은행의 정기예금이 훨씬 금리가 높다는 점이다. 그리고 대출을 받을 경우도 생각하여 은행의 거래 신용도를 쌓는 일 또한 중요하기 때문이다.

셋째, 자투리 돈이라도 수시로 넣을 수 있는 자유적금이 은행에 있다. 넣을 때는 수시로 적은 돈이라도 가능하지만 찾을 때는 계좌를 해지해야 하는 번거로움 때문에 오히려 돈이 쌓인다는 점을 고려해 주기 바란다.

이상으로 아주 개괄적인 내용만을 알아보았다. 물론 이외에도 다양한 상품들이 있으며, 또 상품 하나하나에 따라 장단점이 있을 수 있다. 이런 장단점 뿐만 아니라 이자율 등 세세한 것들은 별도로 발품을 팔아 알아보고 공부해야 한다. 그래야 진정한 실력이 쌓인다.

특히 이자율이 아주 크게 차이가 나지 않는 경우에는 자신에게 편리한 금융기관 한 곳을 정해 집중적으로 이용함으로서 본인의 거래 신용도를 쌓아 놓아야 각종 혜택에 있어 유리하다. 예로 거래

수수료 면제라든지 대출을 받을 때 이자를 적게 낼 수 있다든지 등이다.

그리고 자신에 맞는 상품을 선택하기 위하여 발품을 팔 때는 다음과 같이 하면 된다.

첫번째 각 금융기관의 객장에 비치된 상품 설명서를 수거하여 먼저 읽어보고, 두 번째는 의문이 있는 사항에 대한 질문지를 작성한 다음 직접 방문할 때 사용하면 아주 편리하다.

그리고 상담할 때에도 추가 의문점이 있으면 질문지 이외의 것이라도 충분히 질문을 하여 알아보아야 한다. 그저 의례적으로 머리만 끄덕이다가 나중에 자신의 목적과 맞지 않다는 것을 알 경우에는 해지 해야 하는 번거로움이 수반되기 때문이다.

▶ 발품 노트 ▶

상품 (처음 시작하는 입출금 통장 : 종자돈을 만들기 좋은 통장 : 약간의 목돈 굴리는데 적합한 상품 : 상품별 이자율 : 세금혜택 상품 : 연말정산 혜택 상품 : 예금자 보호법 적용 여부 : 꼭 들어야 하는 건강보험 : 담배 값을 적립할 적금 또는 펀드 상품 : 주택을 갖기 위해 들어야 하는 자신의 여건에 맞는 상품)
더 공부할 경우는 BIS비율, 지급준비율, 국내은행의 예수 금 순위, 무 수익 여신비율 등 아주 많으며 알아봐야 별로 도움이 안 되는 분야다. 단순히 우리나라에서 이름이 있는 은행이며 여섯 손가락 안에 들어가면 괜찮다.

012 왕초보의 눈으로 알아보는 -예금과 수익증권의 차이

투자는 그 행위를 하기 전에 자신이 위험을 어느 정도 감수 해야 하는지를 인지해야 한다.

혹여 은행의 예금과 헷갈릴까 싶어 차이점을 간단히 알아보려 한다.

사회 초년생의 경우 주식형 수익증권의 종류 중에 적립식 펀드를 권하고 싶다. 이유는 매달 적금식으로 일정금액을 적립함으로서 전체적으로 매입가격을 낮출 수 있기 때문이다. 따라서 은행적금과 함께 종자돈을 모으기에는 안성맞춤이나 수익률을 일정하게 확정 지을 수 없다는 단점이 있다.

그러나 한 번에 목돈을 집어넣는 거치식의 경우는 주가가 오르면 다행이지만 그렇지 않을 경우는 원금손실을 볼 수 있어 권하고 싶지 않고, 안정적인 은행의 예금을 추천하고 싶다.

▶ 예금과 수익증권의 차이점

구 분	예금	수익증권
금융중개	예금을 받아서 이 돈을 대출을 하고 그 이자가 수입이 됨. 이 중에서 고객에게는 약정한 만큼의 이자를 지급함.	은행은 판매를 하며, 자산운영회사가 운영. 기업이 발행하는 주식 및 채권 등에 투자하여 얻은 이익을 투자자에게 지급함.
위험부담	은행 부담.	고객이 부담.
경영공시	약속한 시기에 약정된 금액을 지급하면 되므로 운용내역 고시가 그다지 필요치 않음.	운용에 대한 보고서가 공시되는 것이 법적으로 정해져 있음.
평가	예금금액만 알려 줌.	시가평가를 통해 자산의 현재 가치를 알려 줌.
이익	예금금리와 운용이익의 차이(즉 스프레드 [Spread]가 은행 꺼) 고객은 이익 고정, 은행 것은 변동.	일정 수수료를 받음으로 은행 것은 고정, 고객 것은 변동.

013 '지름신'과 경제학

지름신의 강림도 올바른 습관을 들이고 마음의 회계장부를 정확히 해놓는데 달려 있다.

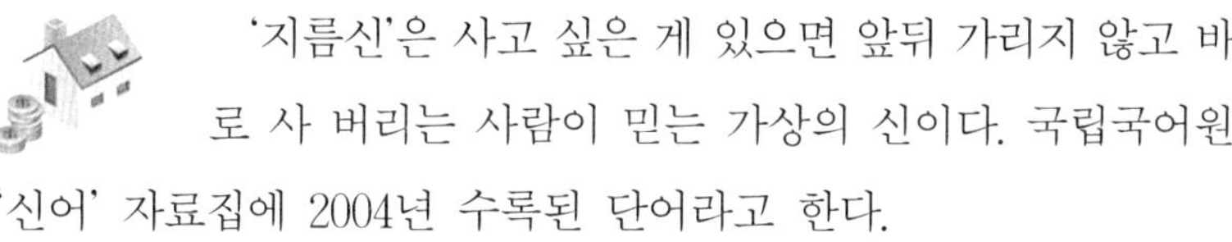
'지름신'은 사고 싶은 게 있으면 앞뒤 가리지 않고 바로 사 버리는 사람이 믿는 가상의 신이다. 국립국어원 '신어' 자료집에 2004년 수록된 단어라고 한다.

일부 감각 있는 네티즌들 사이에서 빠르게 교세를 확장하고 있는 '지름교'입니다. 지름교의 신도는 모두 소비의 영도자 '지름신'의 강림을 믿는 자들입니다. (경향신문. *2004. 11. 22*)

'지름신'은 인터넷 용어로 소비를 조장하는 마음 속의 신으로 비유된다. 앞장에서도 잠시 언급했지만 지름신의 행동도 행동경제학에서 지적하는 '마음속의 계산' 또는 '마음속의 회계장부'(Mental

Accounting)라는 심리와 관계가 있다고 한다.

따라서 의사 결정 시 합리적인 결정을 하는 것이 아니라 비교적 좁은 프레임을 만든 다음 그 프레임에 끼워 넣어 결정한다고 주장한다. 여러가지 실험 중에서 한 예를 들면 현금을 수반하는 경우는 오락비라는 계정항목을 생각하여, 미리 사 놓았던 콘서트 티켓을 잃어버리고 다시 그 표를 구입할 때 더 아까운 생각이 든다는 것이다. 다시 말하면 구입했던 콘서트 티켓은 오락비라는 생각으로 인해 또 다시 구입할 때 느끼는 현금이 아까운 생각이 든다는 말이다.

그런데 일상에서도 이와 같이 유사한 상황을 경험할 수 있다. 그 예가 신용카드를 사용할 때이다.

현금을 지니고 있을 때와 카드만 가지고 있을 때 쇼핑에서 차이를 종종 느낄 때가 있다. 확실히 신용카드로 결제할 때 보다 더 소비를 하는 경향을 발견하곤 한다.

일정한 기일 후에 결제를 하는 신용카드가 소위 "외상이라면 소도 잡는다."는 말처럼 우선은 쓰고 보자는 심리를 부추기고 현금이 주는 시각적인 아까움 보다 훨씬 덜하기 때문일 것이다. 따라서 혹자는 충동구매를 막아주는 현금을 사용하는 것이 현명한 재테크라고 권고한다.

또 직장 내에서도 유심히 살펴보면 일절 신용카드를 사용하지 않고 현금만을 고집하는 사람도 있다. 그러면서 소비를 줄일 수 있고 현금사용액도 연말정산에 포함되기 때문에 상당히 유리하다는 주장이다.

물론 타당성 있는 태도다. 그러나 여기서 한 가지 간과한 사실이 있다. 바로 습관의 문제다. 처음에 습관이 배지 않았을 때는 맞는 말이 되나 습관으로 굳어지면 현금보다 소비가 더 심해지지 않는다.

그리고 여러 가지 좋은 점도 많다. 첫째 지참이 용이하며, 두 번째 보관이 편리하다. 세 번째 카드사의 혜택을 받을 수 있으며, 네 번째 작은 금액은 카드로 해결하지 못하는 경우가 많아 붕어빵을 사지 않게 됨으로써 작은 돈 낭비를 줄일 수 있다. 다섯 번째 신용사회에 기여하게 된다. 여섯 번째 인터넷 결제 시 편리하며, 마지막으로 일곱 번째 폼 난다.

모든 것이 올바른 습관을 들이기 나름이며, 마음의 회계장부를 정확히 해놓는데 달려있다. 항상 문제는 자신의 소비성향이지 카드의 지참문제가 아니라는 것이다. 예상치 않은 특별 보너스도 통장에 입금하는 지혜로운 습관을 들인 자에게는 지름신도 무용지물이다.

나의 경우만 보아도 거의 현금을 지참하지 않고 다닌다. 그리고 지갑을 볼 때마다 카드가 바로 현금으로 보여 더욱 조심하게 된다.

자신의 심리를 바꾸지 못하면 설사 현금만을 고집한다고 해도 절대 부자가 될 수 없다.

신용카드라도 지름신의 강림을 막을 수 있으면 재테크에 성공할 수 있지 않을까 생각한다.

3편

직장인의 성공 마인드는 딱 한가지, 늘 웃으며 즐기는 것이다

001 변화에 대한 지겨운 수다

변화를 맨날 외치는 기업이 문제가 있다는 말은 그 만큼 평소에 변화를 안 하기 때문이라고 한다.

"변화에 적응하는 자만이 살아남는다."

"가족 빼고 다 바꿔라."

변화를 수용하고 싶지 않으면 하지 마라. 대신 배 아파 하지는 말아라.

변화! 변화! 변화! 아이고 머리 아프다. 변화를 알게 모르게 했으니까 지금까지 살아남은 것 아니겠는가?

변화를 수용 안하고도 잘 살아가는 사람도 많다. 그다지 문명의 이기도 쓰지 않으며 초야에 묻혀 조용히 먹거리나 해결하고 소탈하게 사는 모습도 많이 보아왔다. 하도 변화를 외쳐 대니까 잘못을 저지르고 있는 것 아닌가? 라는 의문이 생기며 심히 불안하기까지 하다.

변화와 더불어 많이 듣는 소리가 "고정관념을 버려야 변화 할 수 있다."는 말이다.

그러나 이 말은 한 번쯤은 깊이 생각해봐야 할 내용이다. 즉 고정관념을 버려야 다른 각도에서 사물을 바라보는 지혜가 생기며 새로운 창조가 이루어진다고 생각하기 때문이다. 즉 역발상적인 사고다.

예로 기술혁신만을 최고의 가치로 주창하던 때에 애플의 스티브 잡스는 새로운 시각으로 디자인의 혁명을 부르짖지 않았는가 말이다.

가장 간단한 역발상적인 예를 고속도로 휴게소에서 보았다. 갑자기 눈에 띄는 게시판이 있었다. 제목이 '교통사고를 내는 법 10계명'이다. 물론 깜짝 놀라 자세히 읽어 보았다. 내용은 이러면 교통사고가 나게 되니까 그러지 말자는 내용이었다. 즉 "졸리워도 끝까지 참고 과속으로 달린다" 등의 계명이었다.

초원을 찾아 이동하는 아프리카 세랑게티의 누우 떼처럼 계절의 변화에 따라 빠르게 옮겨가는 철새들처럼 변화에 적응하는 것도 경쟁력일 것이다.

변화란 단어 때문에 억압감을 느낄 필요는 없다. **변화라는 것을 자신의 목표로 삼고 있으면 차라리 편해진다.** 그리고 세부행동사항으로는 늘 조금씩 새로운 것을 생각해보는 것과 자기계발을 열심히 하는 것만으로도 시대의 변화를 수용하는 태도라고 생각하면 된다.

다람쥐 쳇바퀴 돌듯 변화가 없는 직장생활에 염증을 느끼네 어쩌네 한다. 그럼 그렇게 생활을 안 하면 어떤 직장이 늘 새롭고 참신한 것을 부여하여 만족을 줄 수 있단 말인가?

자신이 생각을 조금만 바꾸면 된다. 생각해보자. 아무리 같은 업무를 수행한다 하더라도 매일 똑같은 일은 절대 일어나지 않는다. 나의 경우를 봐도 그렇다. 매번 같은 교육생이 들어오지는 않는다. 물론 전체적으로 보면 비슷한 일이다. 비슷한 일이라고 생각한다면? 그렇게 따지면 모든 게 같은 것 아닌가? 20년 전이나 지금이나 살아 있다는 것도 그에 해당 되는 게 아닌가 말이다. 비약이 심하긴 했다. 그러나 늘 새로운 날들이라고 생각하며 새로운 마음가짐을 갖는 것만으로도 충분하다고 본다.

▶▶ 변화에 대해 짜증 제대로 나는 것들.

● 부서장이나 높은 분들이 바뀌면 별 것도 아닌데 힘들어진다.

뭐를 바꾼다, 지금껏 해 온 것은 다 쓰레기다 뭐다 하며 온갖 일을 만들어낸다. 그리고 혁신적인 변화를 한다며 지금껏 해 온 일들을 모두 진부한 것이나 잘못된 것으로 치부한다. 그렇다고 별 새로운 것도 없다. 괜히 요란만 떤다.

그러면 지금껏 일했던 모든 직원들을 해고 하라. 왜냐 쓰레기만을 다루었던 자들이 아닌가? 생각해보라 그들이 바보였나? 많은 연구와 회의를 통해 수정해오며 나름대로 변화를 추구하여 오늘날 그와 같은 업적을 남긴 것이다.

물론 새롭게 시도한다는 것 자체는 고정관념을 탈피하는 것으로 본다면 나쁜 짓은 아니나 이전의 것들을 모두 하찮은 그 무엇으로 취급해서는 안 된다. 이전의 것들을 살펴보아 좋은 점을 이어가며 또 다른 새로움을 첨가해야 제대로다.

● 꼭 본인은 변화를 하려고 안 하며 부하직원만 닥달한다.

예로 본인이 조는 것은 업무상 힘들어서이며, 부하직원이 조는 것은 정신상태가 잘못되어서다. 본인이 술자릴 하는 것은 조직을 위해서 어쩔 수 없이 희생하는 것이며, 부하직원이 술 한잔 하고 힘들어 하면 이 역시 정신상태가 썩어서이다. 본인이 출장 가는 것은 정말 힘든 일을 수행하는 것이며, 부하직원이 출장 가는 것은 괜히 핑계 대고 콧바람 쐬러 가는 것이다.

더 이상 얘기하고 싶지 않다. 이런 종류의 사례는 얼마든지 있다. 괜히 짜증만 제대로 더 난다.

● 시집살이 시키는 시어머니 역할을 하며 자신의 무능을 자랑스럽게 이야기 한다.

자신은 휴가를 가본 적이 없을 정도로 일을 했다며 휴가 가는 부하직원 등 뒤에 비수를 꽂는다.

● 변화를 해야 된다고 부르짖으며 되지도 않을 것들만 거창하게

나열한다.

연고주의 타파(혈연, 지연, 학연 등), 투명한 인사 및 경영원칙, 상향식 의사소통 확대, 열심히 일한 자에 대한 적절한 보상 등이 그 예이다. 생각해보라 이런 것은 당연히 이루어져야 하는 일들이다. 그럼에도 변화의 첨병에 항상 대두되는 단골 메뉴다.

● 변화를 수용하지 않으면 존재 할 수 없다며 역설 하는 자들 중에는 손바닥으로 하늘을 가리는 자들이 많다. 그러한 자들 중에 학교를 다시 갔다 온 자들이 상당수다.

진정한 변화는 스스로 마음속에 가지고 있는 자신의 벽을 허물 때 이루어진다. 특히 고정관념, 시기, 질투, 이질적인 것을 배척하는 심리 등을 버리고 부하직원에 대한 배려, 타인의 충고를 받아들이는 자세, 사랑, 작은 것부터 바꿔 나가려는 마음 등을 수용하는 태도이다.

짜증내지 말고 자신의 벽을 허물며 나부터 늘 조금씩 변해보자.

002 어느 직장인의 화려한 이민

[워렌버핏처럼 수십 년을 기다리는 것과 산을 옮기겠다는 우공이산(愚公移山)의 고사성어를 한 번쯤 생각해 보는 것도 해롭지는 않을 것 같다.]

한참 주식이 2,000포인트를 넘고 모두가 경기의 고점(高點)에서 즐거운 비명을 지르고 있을 때였다. 이런 기사를 접한 것이 생각난다.

어떤 사람이 직장생활을 하다 그만 두고 이민을 가기로 하고 수속을 밟고 있던 때에 다음과 같은 소식을 접했다. 그전 직장에서 우리사주로 받아 두고 잊어버렸던 주식이 있으니 찾아가라는 소식이었다. 당시 주식의 시세는 그리 크지 않았지만 소식을 접할 때의 주식은 상당히 고가였다. 잊고 지냈던 주식 덕에 무려 2억원 이상의 돈을 만지게 된 그는 말 그대로 횡재를 한 셈이었다.

이처럼 차라리 잊어버린 것, 기다림의 미학이랄까? 때로는 조급증을 버리고 여유가 있다면 묻어 두는 것도 한 방법일 수 있다.

최근 절친한 직장 동료들과 소주 한잔 기울이다 주식 이야기가 나왔다. 이들 중 A라는 친구가 좋은 소식이 있다며 어느 주식이 오를 것이라는 소위 정보라는 것을 자랑스럽게 이야기 하며 각각 1,000주 씩만 해보자고 하였다.

당시 주가는 6,000원이고 1,000주씩이면 약 600만 원이 소요되었고 이를 동시에 세 명이서 매수를 하였다. 그러나 매수 후 주가는 3,000원 까지 떨어졌고 이중 B라는 친구는 도저히 안되겠다며 팔았고, 나머지 2명은 기다리다가 C라는 친구는 거의 제자리로 왔을 때 팔았으며, A라는 친구는 정보제공 등의 부담을 느꼈는지 이왕 기다리는 거 더 기다려보겠다고 하며, 다행히도 9,000원 팔아 차익을 챙겼다.

물론 주식의 기본은 손절매 가격을 정해 놓고 적어도 손절매 선인 5,000원에서는 매도를 하여야 원칙이다. 모든 게 이처럼 되지는 않겠지만 기다림이 때로는 많은 이익을 가져다주기도 한다.

우연의 일치지만 세 명 다 주식에 관해서는 초보이기 때문에 손절매 선 등의 나름의 원칙을 가지고 있지 않았다. 그러나 이중 손해를 본 B라는 친구는 매사 조급함을 보이는 성격이었고, C라는 친구는 소심한 성격이었다. 그렇다고 A라는 친구가 대담한 성격의 소유자는 아니다. 그의 지론은 어차피 망하지 않을 주식이라면 그대로 두고 볼일이 아니겠는가? 라는 생각이 전부였다.

과욕과 성격이 대담한 것 하고는 차이가 있다. 어느 정도 수익이 났음에도 더 이상의 수익을 바라고 더 더 하다가 터지는 경우는 과욕이며, 자신이 하고 싶은 일을 겁내지 않고 열정을 가지고 덤비는 것은 대담한 도전이다.

필자는 주식을 직접 투자하는 행위는 적극 말리고 싶다. 직장생활을 하며 직접투자를 한다는 것이 상당히 어려우며 성공하는 경우를 보지 못했기 때문이다. 차라리 주식투자를 하려면 간접투자인 펀드를 하는 게 훨씬 낫다고 생각한다.

펀드가 처음 나오고 나서 초기 가입한 사람 중에 400%이상 수익을 낸 사람이 3명에 불과했다고 하며, 전체의 64%는 주가의 출렁임을 참지 못하고 3년 안에 투자를 그만 두었다는 내용이었다. 원금손실을 본 사람에 비해 2배 이상을 올린 사람은 투자 기간이 2년 정도 차이가 났다고 한다 —"추운 시절 견디니 결국 꽃 피더라."[중앙일보 2009. 1. 2]

펀드장기투자자의 성공사례이다.

성격이 급하기로 유명한 우리나라 사람들은 외국여행에서 확연히 드러난다고 하는 우스개 소리가 있다. 동양인이 구별이 잘 안될 때 한국인임을 알려면 화장실을 나오면서 바지의 지퍼를 올리는 사람을 찾으면 된다는 것이다. 또 커피 자판기에서 손을 데기 일쑤라고 한다. 그 잠시도 기다리지 못하여 손을 집어넣고 컵을 빼다가 뜨거운 물에 닿는다고 한다.

우물에서 숭늉 찾는다는 말이 있다. 너무 급하면 체하는 법이다. 때때로 잠시 인생의 여유도 누려보자.

003 낙서후의 인생

[일어나 눈뜨니 그래도 갈 곳이 있더라 감사할 일이 아니겠는가?]

입사 후 3개월 째 자취방에서 끄적거리던 낙서가 있었다.

멋지게 한턱 쏘고 큰소리 쳤지만... / 밀려오는 일과 반복되는 실수... // 선배들의 잔소리 고객들의 눈초리... / 던질까 말까 고민하는 나를... // 카드대금 고지서가 붙잡아 주네.

언제인가부터 돈에 대해 너무 강박관념을 가지고 대하는 버릇이 생겼다. 나만 무언가 뒤쳐지고 소외된 느낌이 들어서다. 특히 서점을 갈 때가 심하다. 재테크 코너에는 이구동성으로 부자 되는 방법, 돈을 수십억 버는 비법, 부자들의 무엇 무엇 등의 오로지 왕창 돈 버는 내용의 책들로 꽉 차있다.

생각해 보자. 직장생활을 통해 어마어마한 부자가 되어야만 성공하는 것일까? 또 그렇게 쉽게 큰 부자가 될 수 있을까? 거북이처럼 알뜰살뜰 모아 조그마한 집이라도 마련하여 가족과 행복하게 오순도순 사는 법에 대한 책은 왜 없을까? 자아실현의 만족감이 주는 기쁨에 대한 것은 왜 중요하지 않을까?

아마도 미래에 대한 불안감이 작용해서 그럴 게다. 그 중에서도 노후에 대한 불안이 가장 크게 작용을 한 탓이다. 그래서 그러한 책에 혹시나 하는 마음으로 더 다가가는 것일 게다. 단언 하건데 그런 책을 통해서 절대 벼락부자가 될 수 없다.

퇴직을 하고 강의를 주로 하시는 선배님을 몇 번 만난 적이 있다. 그 분의 말씀이 인상 깊었다.

직장의 울타리가 얼마나 큰 버팀목인가를 이야기 하면서, 나와서 보니 직장에서 받는 돈과 직장을 떠나서 번 돈의 액수가 같더라도 쓰임새는 훨씬 많아지더라는 것이다. 직장에서는 인식을 못해서 그렇지 여러모로 혜택을 받는다는 내용이다.

본인은 하다못해 복사지 한 장이라도 구입을 해야 하므로 같은 돈의 액수를 비교하면 무려 1.5배정도가 더 쓰인다는 것이다.

즉 직장생활을 불평불만하지 말고 감사한 마음으로 하라는 간접적 메시지다. 물론 노후준비도 착실히 하면서.

그러나 혹자는 직장에 매여 산다는 것이 고달픈 인생이라고 한다. 그렇다면 어느 인생이 고달프지 않은 인생이란 말인가? 작은 텃밭을 하나 운영하면서 소박한 전원생활을 하는 것이란 말인가?

너무 쉽게 생각하지 마라. 밥벌이도 안 된다. 만약 그런 꿈을 이루려면 열심히 연금저축을 해놓아라. 그래야 텃밭도 재미가 있다.

부모님의 경우를 보면 사람은 나이가 들수록 남의 말을 잘 듣지 않는다는 점을 알 수 있다. 굴곡진 인생을 살아오면서 믿지 않는 버릇이 생겼기 때문이다. 혹여 남의 말을 잘 듣다가 그나마 쌓아 올린 장작이 무너질까 싫어서다. 즉 안전자산을 선호한다는 것이다. 그리고 돈 욕심이 많아진다. 은퇴 후 뿐만 아니라 수족을 못 쓸 때가 걱정이 되서 일게다. 한 번 들어간 돈은 여간해선 나오지 않는다.

노후에 대한 대책은 별 뾰족한 방법이 없다. 생각해 보라 연금가입과 많은 저축 외에 또 다른 방법이란 투자자산을 보유하여 잘 굴리는 정도이다. 그러나 이 투자자산이 실패할 경우는 어떻게 되겠는가? 여기서 절대적인 노후준비를 제안하기도 쉽지 않다. 모두들 가지고 있는 꿈이 다르고, 성향이 다르기 때문이다. 그러나 한 가지는 분명하다.

직장의 울타리에 감사하며 재미있게 생활하라. 그래야 돈도 따른다. 그러면서 노후를 위해 안전한 방법으로 한 걸음씩 천천히 나아가라. 이것이 소박한 전원생활을 이루는 훨씬 빠른 방법이다.

004 포도 밭 주인과 투덜이

> 내가 주인이라고 생각하고 일하라. 절대 투덜대지 않게 된다.
> 종교를 떠나 이로운 가르침을 늘 가까이 하라.

종교를 불문하고 좋은 말씀은 많이 들으려고 노력한다. 종교를 가지고 활동을 하는 것은 아니지만 성경의 가르침이나 불경의 가르침뿐만 아니라 공자의 말씀 등 성현(聖賢)의 구절에 귀를 많이 기울인다. 인생을 살아가는데 나침반이 되며, 마음을 다스리는데 아주 탁월한 도움이 되기 때문이다.

구구절절이 옳은 이야기이며 살이 되고 피가 되는 금과옥조(金科玉條)와 같은 말씀이기에 더욱 그렇다.

성경말씀에 포도밭 주인과 품꾼이라는 내용이 있다.

포도원을 가지고 있는 사람이 이른 아침에 나가 하루 한 데나리온씩 품꾼들과 약속하고 포도원에 들여보내고, 아침나절에 아직도 놀고 있는 자들 같은 약속을 하고 포도원에 들여보내고, 점심 때와 오후 쯤 에도 놀고 있는 자가 있어 역시 같은 한 데나리온씩을 주기로 하고 포도원으로 들여보냈다.

그 후 일이 끝나고 약속된 돈을 지급하자 아침에 와서 일하던 자들이 일을 많이 하였는데 똑 같은 돈을 준다며 불공평함을 항의 했다.

(마태복음 20장 1~16절)

물론 여기서는 천국에 들여보내는 절대자의 의지는 어떤 상황이던지 똑같이 차별하지 않고 대우를 한다는 것이다. 그러나 품꾼들은 약간의 차이만으로도 스스로 우월감을 갖거나 교만해져 당초 약속한 내용이 있음에도 투덜거린다는 내용이다.

이를 직장생활과 비교하자면 먼저 입사하여 선배로서 당연히 해야 할 일을 함에도 우쭐하거나 후배가 실수하는 것을 질타하거나, 조금 더 안다고 동료에 대해 모욕적인 언사로 대하는 행동을 해서는 안된다는 것을 배울 수 있는 대목이다.

직장생활에서 가장 금지해야 하는 부분이 불평불만이며 동료를 씹는 것이다. 어쩌다 한 번은 당신의 이야기를 들어 줄 것이다. 그러나 계속되면 투덜이로 찍혀 누구도 당신을 상대하려 하지 않게 된다.

당신이 다른 사람을 비판하는 것을 듣다 보면 언젠가 나도 당신의 입에 오르내리게 될 것으로 생각하기에 피하게 되기 때문이다.

누가 보아도 도저히 납득이 가지 않는 상황이라면 한 번쯤 이야기하고 차라리 당사자하고 대면하여 논쟁을 하는 것이 훨씬 나은 일이다.

그리고 타인의 문제는 당신이 이야기 안 해도 대부분 알고 있다. 회사와 타인의 문제이지 당신과 타인의 문제는 아니다. 즉 이른 아침의 품꾼과 오후의 품꾼이 포도밭 주인과 각각 약속했듯이 포도밭 주인이 아닌 당신이 나서서 좌지우지 할 상황이 아니라는 것이다.

언젠가 동료 중에 상당히 못 마땅한 사람이 있어 몇 번 투덜거리며 비판을 하자 상사가 포도밭 주인과 품꾼의 이야기를 해주며 다른 사람도 다 아는 사항을 굳이 비판하지 말라며 충고를 받은 적이 있다.

동료들과 퇴근 후 술자리에서 상사를 안주 삼아 도마질을 하는 거야 직장인들만의 특권이지만, 자신이 값싸 보이거나 스타일을 구길 수 있는 동료나 부하직원에 대한 불평이나 비판을 하지 말라. **당신도 같은 위치에 놓일 수 있다.**

005 도 아니면 모-작은 기쁨 큰 슬픔

막장이라 생각하는 곳도 희망과 꿈이 있는 곳이다. 하찮은 일에 함부로 목숨 걸지 마라.

가끔 극과 극의 행동을 할 때 '도 아니면 모'라는 말을 한다. 한국인들의 민족놀이인 '도개걸윷모'에서 비롯된 말이다. 설날을 전후하여 남녀노소 가리지 않고 즐길 수 있는 이 놀이는 신라시대 이전부터 전해온다는 설이 있다.

도는 돼지, 개는 개, 걸은 양, 윷은 소, 모는 말을 나타낸다고도 한다. 즉 도는 하나를 전진 할 수 있어 작은 힘을 나타내며 모는 무려 다섯을 전진 할 수 있고 다시 한 번의 기회가 주어져 더 많은 진행을 할 수 있다는 사실에서 유래된 듯하다.

'도 아니면 모'식의 극단적인 경우는 주로 위험자산에 투자하여 많은 수익을 노릴 때다. 그러나 직장인의 급여로 이런 행위를 하기에는 어울리지 않는다는 생각이다. 이유야 여러 가지이지만 한 번의 실패로 너무 많은 것을 잃을 수 있기 때문이다.

언젠가 한 자산운영가의 경우 지인들과 학교동문들의 자금을 모아 위험자산에 투자하여 한 때는 수익을 내고 승승장구하였으나 미국 발 서브프라임 사태로 촉발된 위기에서 견디지 못하고 자살을 선택했다는 뉴스를 접했다. 안타까운 마음이 들었다.

안전자산을 선택하여 작은 수익에 만족하며 살 경우는 크게 실패하는 일이란 있을 수 없다.

그러나 작은 수익을 너무 무시한 나머지 소위 큰 거 한방을 노리는 무리수를 둔다는 점이 늘 문제다.

계가 깨져 많은 사람들이 돈을 잃었다는 이야기도 끊임없이 듣는 말이다. 수십 년 전에 어머니께서도 안전자산 보다는 조금이라도 더 많은 수익을 위해 계와 함께 소위 2부 이자의 돈놀이라는 것을 하신 적이 있었다. 물론 계도 깨져 손해 보시고, 돈놀이도 돈을 꾸어 간 사람이 홀랑 망해 한 푼도 못 받았다.

직장인이여! 이제까지 겪고 보고 들은 경험으로 깨우친 바는 아주 친한 친구와 상호부조 형식의 친목계 이상은 절대 하지 말라고 당부하고 싶다. 그리고 지금은 많이 없어졌지만 소위 돈놀이라는 일도 절대로 하지 마라. 그리고 도 아니면 모 식의 위험자산 투자는 더더욱 피하라.

이익보다 손해가 적어도 수십 배 이상이 되며, 작은 기쁨을 위해 너무나도 큰 슬픔을 맛볼 수 있기 때문이다.

누가복음 9장 24-25에 이런 말씀이 나온다.

"사람이 만일 온 천하를 얻고도 자기를 잃든지 빼앗기든지 하면 무엇이 유익 하리요."

(What good is it for a man to gain the whole world, and yet lose or forfeit his very self?)

006 도 아니면 모-탐욕과 조급증

말로는 대한민국 사람들 모두에게 떡을 만들어 줄 수 있다는 소리를 못할 사람이 있겠는가? 대박 대박 하다가 쪽박차거나 대가리가 박살날 수도 있다.

어느 날 갑자기 아내가 조금은 당황스러운 이야기를 했다. 뭥미? (갑자기 뜬금 없는 말을 하거나 알아듣지 못하는 말을 할 때 "어떤 일이야?" 또는 "무슨 말이야?" 정도의 상황을 의미하는 채팅용어이다. 뭐임의 오타 설도 있음)

친척의 근황을 전하던 아내가 안타까운 이야기를 했다. 뭥미? 라는 말이 바로 나왔다.

아내의 사촌 중에 알뜰살뜰 사는 분이 한 분 계셨다. 그 사촌 언니와 형부는 열심히 일하여 돈을 모으는 것은 물론 집안의 어른들에게도 효자로 알려질 정도로 잘했다. 최고의 사위로 칭송이 자자하다는 말에 은근히 질투가 나기도 했었다. 그렇게 착실하게 생활하던 형부와 언니가 이혼을 했다는 것이다.

무엇 때문에 그런 일이 일어났느냐는 물음에 아내는 혀를 차며 이렇게 말했다. 꿈을 이루려 사업을 한다거나 투자를 한 것도 아니고 너무 어처구니없게도 도박으로 전 재산을 날렸다는 얘기였다.

다른 사례를 하나 소개 하겠다. 더 많은 배당과 이자를 주겠다는 식의 유사수신 행위의 금융사기 사건이 가끔 뉴스를 장식하곤 한다. 작년에도 수 조원에 달하는 금융사기 사건이 대서특필 되기도 했다.

약 40년 전에 고모님께서도 이런 종류의 금융사기에 두 번씩이나 걸려 전 재산을 모두 날렸다. 그 당시 옆집의 돈까지 빌려 투자했다가 소위 '빚 잔치'라는 것을 경험하기도 했다.

일반 서민들에 비해 꽤나 재산을 가지고 계셨는데도 만족하지 못하고 더 많은 재산을 갖고자 욕심을 부려 꼬임에 빠진 것이다.

얼마 전 장모님에게서 이상한 이야기를 들었다. 한 오 백만 원만 주식에 투자하면 매달 일정금액의 생활비를 드릴 테니 투자를 하라고 해서 솔깃하더라는 것이다. 물론 극구 말렸다.

그러나 장모님의 친구분들은 이미 투자를 했다는 것이다. 얼마 안지나 주식시장이 나빠져 투자금액에 대한 생활비를 못준다 하여 난리가 났다고 했다. 연세가 들만큼 들으신 분들도 또 그렇게 세상 풍파를 견디며 살아오신 분도 이렇게 쉽게 넘어가는가라는 생각으로 분한 마음마저 들었다.

일종의 폰지게임(Ponzi's Game)에 걸렸던 것이다. 1920년대 찰스 폰지라는 사람이 원금에 2배의 수익을 약속하며 투자자금을 끌어모았던 대사기극이 있었다. 투자자들이 준 돈으로 다른 투자자에게 이익을 지불하는 식의 사기였던 것이다.

또 다른 사례 하나는 부동산에 관심이 있던 지인이 토지 개발을 통해 이익을 얻을 수 있다고 하는 과대광고에 덥석 속아서 투자를 했다가 등기조차 못하고 돈만 날린 일이 있다.

앞장에 이어서 몇 가지 사례를 늘어놓았다. 특히 위와 같은 사기사건은 '벼락부자 심리'를 파고 들어 경기가 좋지 않을 때일수록 더욱 기승을 부린다고 한다.

우리는 왜 이런 꼬임에 빠지지 않을 수는 없는 것일까? 왜 수십 년 전이나 지금이나 끊이지 않고 이런 종류의 사건들이 계속 발생하는 것일까?

대부분의 사람들은 "누구누구는 어떠한 것으로 대박 났다더라" 등의 무용담 같은 이야기에 관심이 많으며, 머리 속에 이런 종류의 대박 얘기만을 외우고 다닌다.

오히려 주변의 실패 사례를 더 받아들여 타산지석(他山之石)으로 삼아야 하는데도 불구하고 떼돈을 번 것에만 관심을 기울이는 것은 상대적인 박탈감과 함께 타인의 성공에 대한 집착이 더 강하기 때문일 것이다. 따라서 나도 돈을 많이 벌었다는 그들처럼 한 번 해 보자는 심리가 발동되어 주변을 살필 기회조차 잃고 달려드는 것이다.

혹자는 일확천금을 노리고 복권을 사는 심리와 비슷하다고도 한다. 그러나 필자는 이렇게 분석을 해 보았다. 전자의 도박은 **'땀의 소중함'**을 생각하지 않았기 때문이고, 후자의 금융과 부동산 사기는 **'탐욕과 조급증'**의 결과로 본다.

쉽게 돈을 벌 수 있다는 사실에 빠져 드는 순간 노동의 가치의 중요함을 잃게 된다. 세상에 공짜 식사는 없는 법이다. 땀 흘려 벌었을 때의 가치를 좀 더 소중하게 느끼며 살아야 이런 꾀임에 빠지지 않을 수 있다. 즉 자신의 마음 속의 회계장부를 바꿔야 한다.

행동경제학에 '마음속의 회계장부'(mental accounting)라는 개념이 있다. 노름이나 복권 등으로 번 돈은 가치를 보다 낮게 평가해서 더 쉽게 소비한다는 이론이다. 대니얼 카너먼(Daniel Kahneman) 교수가 행동경제학의 이론을 심리적으로 증명하여 노벨경제학상을 받으면서 주목을 받기 시작했다고 한다.

쉽게 그리고 공짜로 생긴 물질은 그 만큼 빨리 달아나게 된다. 돈은 모두 같은 돈이다. 마음 속에서 갖는 회계장부를 확실히 바꿔 놓아야 어떠한 상황에서도 평상심을 잃지 않게 된다.

그리고 후자의 유사수신 및 부동산 사기는 남에게 뒤떨어졌으니 빨리 이루어야 한다는 강박관념이 가져온 조급증의 산물이며, 안전하게 자산을 굴릴 수 있는 제도권 금융이 있는데도 불구하고 탐욕으로 인해 과도한 욕심을 부린 결과이다.

직장인 중에는 이처럼 조급증 환자들이 의외로 많다. 항상 누군가는 주식투자로 대박 났네, 또 누구는 부동산 투자로 대박 났다는 등 이런 종류의 소식에 지극히도 관심이 많다. 아마도 한때 자고 나면 오르는 집값에 대한 상대적인 허탈감이 이런 상황을 부추겼을 수도 있다.

그러나 자신의 원칙과 소신이 없는 자일수록 주로 이런 이야기에 심하게 반응을 한다는 것이다.

주변을 둘러보면 이외로 많은 이들의 실패 사례를 접할 수 있다. 워랜버핏은 타인의 투자 실패를 분석하고 연구하여 자신은 그 길로 가지 않는다고 한다. 우리도 그들의 교훈을 늘 잊지 말고 살아야 한다. 그래야 수십 년간 쌓아 올린 공든 돈탑을 한 순간에 무너뜨리는 짓거리를 하지 않게 된다.

내가 땀 흘려 번 돈이 가치가 있는 것이다. 누가 이 만큼 더 준다더라 식의 이야기에는 바로 눈감고 귀 막고 살기 바란다.

007 미네르바의 지혜

힘들지만 상대의 입장을 헤아리고서 대책을 논의해보자.
상대를 이해해주면 그의 마음도 열린다.

미네르바(Minerva)는 로마 신화에 나오는 지혜의 여신이다.

얼마 전 대한민국이 미국 발 국제금융위기의 소용돌이에서 힘든 상황이 연출되고 있을 당시 포털 사이트 daum 아고라의 경제 토론방을 뜨겁게 달군 미네르바(필명)란 사람이 있었다. 그는 리먼 브라더스라는 미국 투자은행의 부실사태를 예측하는 등 경제상황에 대한 상황설명 등이 인기를 끌면서 네티즌들의 발길을 잡았다. 어려운 상황에서 족집게처럼 상황을 분석하고 이를 통해 속 시원함을 느꼈을 네티즌들이 미네르바에 열광한 것도 무리는 아니라고 생각했다.

독자도 잘 알다시피 중국의 삼국시대에는 예리한 분석과 그에 맞는 전략으로 지금까지도 최고의 지략가 중 하나로 알려져 있는 제갈량이 있다. 그러나 제갈량과 같은 지혜를 어떻게 실생활에 적용하는가 하는 점이 항상 고민거리였다.

필자는 직장생활 중 이에 필적하는 하나의 문제 해결사례를 옮겨 보려고 한다. 이런 사례는 흔히 있는 지혜의 하나겠지만 직장생활 중 겪은 아주 단순하면서도 쉽게 풀어낸 사건이라 소개하고자 한다.

두 동의 건물을 가지고 있는 우리 회사로서는 하나의 건물을 새로 건축을 해야 할 정도로 낡은 건물을 가지고 있었다. 그러나 이 건물을 철거하기 위해서는 예전에 사용계약을 했던 A라는 사람이 본인이 사용하던 그 건물을 나가주어야 가능했다.

그러나 A씨는 예전의 여러가지 일로 매우 섭섭함을 가지고 있었고 함께 요구하는 몇 가지의 조건을 들어주지 않는다는 이유로 무려 8여 년을 버티며 집을 비우지 않아 매우 곤혹스러운 상황이었다. 2명의 부장이 바뀌었으나 이를 해결하지 못했고 더욱 더 골만 깊어 갔다. 어떤 형태의 으름장을 놓아도 또 법적으로 하겠다고 달려들어도 묵묵부답이었다.

그러나 평소 합리적인 리더십의 표본으로 알려져 있는 3번째로 바뀐 부장은 이를 아주 간단히 해결했다. 나에게 만나고 오라며 다음과 같은 몇 가지 지략을 주었다.

첫째, A씨를 만나되 그분의 입장을 최대한 들어주고 이해를 해주도록 하라. 그래야 그 사람의 마음이 열린다.

둘째, 어떤 상황에서도 그 분의 마음이 풀릴 때까지 우리의 입장을 말하지 말고 며칠이고 끝까지 들어주고 동감을 해주어라.

그렇게 무쇠 같던 그의 마음이 녹고 찾아갔던 나는 밥까지 얻어먹고 자연스럽게 일을 해결하는 놀라운 상황을 경험했다.

보고 후 술 한잔 하면서 물어 보았다. 이렇게 쉽게 풀릴 것을 어떻게 알고 계셨습니까?

부장의 말은 참으로 간단했다. 우선 반대의 입장에서 생각하면 된다는 것이다. 내가 그 A씨의 입장이라면 얼마나 속이 답답하겠느냐는 것이다. 그러면 답은 아주 쉽다. 그 사람의 입장을 끝까지 듣고 이해를 해주면 눈 녹듯이 사라진다는 것이었다.

해결의 실마리는 아주 가까운데 있다. 사람은 누구나 비슷한 감정이기에 상대편의 입장에서 생각해보고 이해를 하라는 의미인 **역지사지**(易地思之)의 사자성어를 생각하면 된다는 것이다. 그리고 이솝우화의 이야기인 바람으로 안 되는 것을 햇빛으로 옷을 벗긴 것처럼.

앞의 2명의 부장에게 그 A씨의 사연을 들어 보니 억울한 마음이 있고 이를 무시하고 자신의 말을 이해해 줄려고 하지 않는다는 것을 알았다. 그렇게 큰 것을 요구하는 것이 아니고 자신의 그간의 고생과 함께 왜 그런 행동을 했는지를 알아달라는 것이었다.

우리는 곧잘 이런 말을 한다. 사마천의 〈보임소경서(報任少卿

書)〉에 나오는 말로 "선비는 자신을 알아주는 사람을 위해 일을 한다.(士爲知己者用)" 이 말은 인정과 칭찬 그리고 배려라는 단어로 축약할 수 있을 것이다. 집이나 직장에서 칭찬과 배려 그리고 인정을 잊지 말고 적절히 사용하라. 그러면 많은 사람과의 관계가 훨씬 돈독해질 것이다. 지혜의 여신인 미네르바의 힘을 빌리지 않고도 말이다.

008 성공농업인의 겸손

[돈도 겸손한 사람이 좋은 모양이다.
겸손은 말 그대로 까불지 않는 것을 뜻한다.]

일과 관련하여 성공한 어느 농업인들을 취재하는 기회를 갖게 되었다. 이들의 성공요인을 분석하여 교육에 활용함으로서 좀 더 나은 프로그램이 되지 않을까 하는 전략에서 비롯된 것이다. 이들을 인터뷰 하면서 느낀 바를 요약해 보겠다.

성공농업인들의 소득은 일반농업인에 비하면 월등히 높다. 그 이유가 무엇일까?

첫째, 당연히 근면성이다. 이들의 근면성은 그 지역에서도 알아준다.

둘째, 교육에 대한 열의가 남다르다. 자기분야에서 최고의 경지를 달리면서도 늘 교육이란 교육은 하나도 빠짐없이 다닌다. 본인이 못 가면 부인이나, 자식을 보내서라도 반드시 그 내용을 숙지한다.

왜 그렇게 열의를 가지고 교육기회를 갖느냐는 질문에 한결같이 이렇게 대답한다. 내가 최고라는 자부심은 좋으나 자칫 자만심에 빠져 또 다른 고급 정보를 대하지 못할 수 있다는 것이다. 게으름을 부리고 늘 노력하지 않으면 더 이상 최고가 될 수 없기 때문이란다.

셋째, 돈에 관해서 예상외로 매우 겸손하다. 많은 소득에도 불구하고 돈을 대하는 태도가 겸손하다는 것이다.

예로 인삼을 경작하는 A씨의 이야기다. 가난해서 초등학교도 중퇴한 그는 남다른 부지런함과 열정으로 인삼경작에 있어 최고의 자리에 올랐다. 물론 소득도 최고다. 같이 인삼을 경작하는 사람들은 왜 같은 방법으로 같은 지역에서 하는데 그 자리에 서지 못할까?

다른 이들이 쉴 때도 인삼 밭에 한 번이라도 더 발소리를 들려주는 등의 남달리 부지런함은 둘째 치고라도 예상되는 수익이든 이미 실현된 수익이든 돈을 대하는 마음가짐이 매우 겸손하다는 것이다.

같은 작물을 경작하는 타인의 경우를 예로 들면 아직 판매도 되지 않은 농작물을 미리 계산하여 남는 수익이 예상되면 바로 써버린다는 것이다. 비교하자면 주식투자를 하는 친구와 같다. 오늘 상한가를 쳐서 얼마 벌었다며 술 한잔 사겠다는 이야기와 같은 상황이다. 매도를 하지 않아 수익이 확정되지 않았음에도 이미 번 것으로 착각을 하는 것이다.

이렇게 돈을 대함에 있어 겸손하지 않으면 예상하지 않은 상황이 발생했을 때 바로 손실로 이어져 그만큼 타격을 받게 된다.

겸손은 아끼는 거와는 차원이 다르다. 확정되지도 않은 수익을 미리 예상한다면 이는 자칫 큰 실수로 이어질 수 있다. 미리 그 만큼을 사용하거나 예상외의 과도한 씀씀이가 발생할 수 있기 때문이다.

따라서 항상 겸손하게 대해야 돈도 나에게 머문다고 한다. 바꿔 말하면 내 손에 들어올 때 까지 끝까지 최선을 다하며, 향후를 위해서라도 함부로 소비하지 않는 정신자세라고 말할 수 있다.

넷째, 자신의 일을 즐긴다는 것이다. 자주 듣는 명언 중에 "바보는 천재를 못 당하고 천재는 노력하는 자를 이기지 못한다. 그러나 그 노력하는 사람도 즐기는 사람에게는 안 된다."라는 말이 있다.

요즘도 인삼 밭에만 오면 신나고 재미있다고 한다. 자신의 일에 자부심을 갖으며 보람을 느끼니 늘 일을 즐기게 된다고 한다.

별거 아니라고 생각할 수도 있다. 그러나 내 자신이 그만큼 남다르게 부지런하고 또 늘 그 분야에 최고가 되기 위해 얼마만큼 노력을 했는가를 반성해 보라. 그리고 하찮게 여기는 작은 돈을 대하거나 또는 다달이 나오는 월급을 대할 때 당연한 대가가 아닌가 라는 생각에 앞서 소중하게, 겸손하게 그리고 감사하게 대했는가를.

009 꿈, 다들 아는 수다

솥 단지에 꿈을 넣고 열정의 불을 지펴야 하는데 불지피기가 귀찮기 때문이다. 정 그러면 밥을 해먹지 말고 굶어라.

"이제와 생각해 보면 사람이 좋은 꿈을 가슴에 품고 간직할 수 있다는 것이 큰 축복이 아닐 수 없다. 참고 기다리는 자의 축복이 나에게도 이를 것이 아닌가 하고 기다리면서 눈물을 삼켰다."

〈나는 나눌 수 있어 행복한 사람입니다〉의 책에 나오는 한 구절이다. 이 책은 진정 나눔을 실천하고 있는 자장면집 아저씨 박권용 사장의 일대기를 그린 책이다.

가난하고 배고픔에 짓눌려 초등학교 조차도 3학년에 중퇴를 한 후 많은 시련을 이겨내며 살아왔고, 가진 것 모두를 어려운 사람을 위해 베풀고 있는 한국의 슈바이처라는 별칭이 붙은 진정 나눔과 사랑을 몸소 실천하는 사람이다. 자신을 이겨내는 힘의 원동력이 바로 꿈이었다고 한다.

아침마당을 통해 소개되었던 유명한 최윤희 강사의 경우도 같았다. "아주 어려웠던 상황을 이겨내고 인내할 수 있었던 것은 바로 꿈이었고, 다 포기하여도 절대 꿈은 포기하지 마십시오"라며 열강하던 모습이 생각난다. 절망적인 상황에서도 그를 구한 것은 항상 가슴에 있는 꿈이었다고 한다.

이처럼 꿈을 가진 사람은 그 꿈의 크기와 종류를 불문하고 누구든지 힘과 인내가 생긴다. 그것을 이루기 위해 노력하는 중에는 늘 얼굴에 화색이 돌며 웬만한 일에는 짜증을 내지도 않는다.

그러나 꿈을 실현하기 위해선 선결 과제가 있다. "채우려면 먼저 비워라"는 말처럼 우선은 도움이 되지 않는 "내가 어떻게 그런 것을" "내가 무슨 수로" 등의 마음속의 쓰레기를 치워야 한다. 그래야 새로운 것으로 다시 채울 수 있다.

"내가 빈 잔이 될 때 새로운 것이 채워지더라" PGA의 최경주 선수 말이다.

재테크에 있어서도 마찬가지다. 재테크에 전혀 도움이 안 되는 '과욕'부터 없애야 한다. 지나친 욕심은 반드시 화를 부르기 때문이다. 그 다음이 '절망, 포기, 조급증' 등을 차례로 없애고 난 후 다시 마음을 가다듬으면 정신이 맑아진다.

그 정신으로 다시 생각해 보면 많은 것들이 새롭게 다가올 것이다. 마음이 편안해지며, 행복감이 찾아 들고 작은 돈에도 감사할 줄 아는 평온이 생긴다. 그런 다음 티끌, 소박함, 희망, 겸손, 근면, 참소유 등을 채워넣으면 된다.

가족과 감명 깊게 보았던 MBC의 드라마 중에 〈베토벤 바이러스〉가 있었다. 이 드라마가 보여주었던 내용처럼 자신의 꿈을 잊고 평범한 일상을 살아가는 사람들의 가슴을 노크하여, 그들의 꿈에 매서운 질타와 함께 불을 질러 준 강마에(김명민)의 역할을 할 수 있는 강력한 카리스마와 열정을 다하는 사람이 주변에 있다면 엄청난 행운을 얻었다고 해도 과언이 아닐 것이다. 이런 부류의 사람들이 당신이 숨기고 있던 꿈을 확실히 깨워줄 것이기 때문이다. 음대 졸업 후 평범한 주부가 다시 첼로를 잡고, 카바레의 트럼펫 연주자, 치매기가 있으면서도 클라리넷을 놓지 않고 연주하는 노인 등 소위 별 볼일 없이 살던 사람들의 꿈을 다시 깨워 그 꿈을 이루어내는 과정을 그린 드라마였다.

주변에서 자극을 받아 스스로 깨우던 누군가가 당신의 꿈을 노크해 주던 가지고 있는 꿈을 이루기 위해서는 반드시 해야 할 일이 한 가지가 더 있다. 바로 **"그 꿈을 적어서 눈에 띄는 곳에 붙여 놓아야 한다."**는 것이다. 매일 눈에 띄기 때문에 잊지 않게 되고, 그럼으로써 그 길로 가는 여정을 항상 준비하기 때문에 반드시 이루어진다고 한다.

미 캘리포니아 주지사를 지내고 있는 영화배우 출신의 아놀드

슈월츠제네거의 경우도 가난한 이민자의 아들로 태어났으나 그의 책상에는 몇 가지 꿈이 붙어 있었고, 그를 기어코 달성해냈다고 한다. 그 중에 하나가 주지사가 되는 것이었다고 한다.

또 어떤 이들은 돈에 대한 생각을 하기위해 벽에 돈 다발 사진이나 그림을 붙여 두고 매일 쳐다본다고 한다. 적어도 효과가 있는 행동이다. 이미지 트레이닝을 통해 돈을 벌고자 하는 염원을 늘 마음에 새기고자 하는 것이다.

원대한 꿈은 아닐지라도 목표가 있는 사람과 아닌 사람은 많은 차이가 있음을 주변에서도 쉽게 발견할 수 있다. 그러기에 부모들이 찌지리들 보다는 적어도 자기 목표를 가지고 열심히 공부하는 친구를 사귀기를 바라는 것일 게다.

먼 꿈을 바라보며 하루하루 그 마음에 끼는 때를 씻는 것이 생활이며, 그것이 생활을 헤치고 나가는 진정한 힘이며 기쁨이다.

—라이너 마리아 릴케(Rainer Maria Rilke, 독일의 시인)

"감사함, 긍정적 자세, 그리고 꿈을 간직하는 자 반드시 인생에서 승리한다."라고 감히 말하고 싶다.

010 이건 어떻게 해야 하나요?

[절절 기어서 동냥하라는 소리가 아니다. 내가 우선은 노력하고 나서 타인의 경험을 믹스하라. 그래야 발전한다.]

초보자의 경우에 특히 해당 되는 사례로서 방법상의 문제점을 지적해 보고자 한다.

직장에서 한 번은 섭섭한 경우를 당한 적이 있었다. 그는 타 부서에서 온지 얼마 되지는 않았지만 똑똑하기도 하고 자기 주장이 강한 자로 보였다.

내가 맡던 업무를 맡게 되자 그의 본 성품이 드러났다. 통상 처음 맡는 업무라면 우선은 내가 준 그전 자료를 검토한 후 A는 이렇게 되는 것으로 파악했고, B는 이렇게 되는 것으로 이해했다. 그래서 결론적으로 C는 이렇게 진행을 했으면 하는데 경험이 있는 전임자의 의견은 어떠한 지를 물어 보아야 정석 패턴이다.

그러나 그는 툭툭 던지며 파악조차 안하고 대뜸 아무거나 생각나는 대로 물어 보곤 하였으니 전해주는 입장에서는 답답함을 느낄 수밖에 없다.

재테크도 마찬가지다. 특히 직장 생활을 처음으로 시작하는 경우 첫 급여를 받게 되었다고 치자.

이 경우 나름대로 급여 사용계획을 세우고 나서 경험이 있는 선배에게 조언을 구할 때 적금과 CMA 및 펀드 상품 등을 최대한 스스로 파악한 다음 "A라는 적금상품과 B라는 펀드상품이 있고, 요즘 유행하는 CMA가 있어 어떻게 해야 좋을지?"라고 조언을 구해야 선배 입장에서도 자신의 경험을 토대로 도움을 주게 된다.

이럴 경우 자신이 파악하지 못했던 보다 더 나은 D라는 상품을 소개 받거나, 오히려 부모님을 서운하게 할 수 있는 의외의 사실을 알게 되어 미연에 막을 수도 있다.

예로 **첫 급여를 받는 경우 우선 사회인으로 성장하는데 가장 큰 도움을 주신 부모님에게 선물을 사 드리는 것이 첫 번째고, 앞으로 급여를 받으면 반을 뚝 떼어서 저축을 하는 습관을 들이는 것이 두 번째이며, 마지막으로 상품을 선택하는 것이 세 번째다.** 라고 가르쳐 줄 것이다.

그와 더불어 선배 입장에서 그동안 발품을 팔아서 알아낸 자세한 정보를 주게 된다.

예로 적금을 불입하기 전 농협의 준 조합원으로 가입하면 만기시에 이자에 붙는 세금을 좀 더 낮게 낼 수 있어 절약이 된다든지. 적립식 펀드의 경우 어느 펀드가 유망한지 뿐만 아니라 연말정산을 고려하여 절세상품인 장기주택마련저축을 들라든지 등등.

우리는 때때로 자신을 너무 과신한 나머지 본인만의 생각이 옳고 똑똑하다고 착각할 때가 많다. 그러다 안 되면 그 때는 타인 탓으로 돌리는 경우가 다반사다.

우선은 내가 발품을 팔아서 조사하고 공부하고 난 후 조언을 구하는 것이 훨씬 이해하기 쉽고, 경험자로부터 좀 더 많은 노하우를 전수 받는 길이 된다.

독일의 대표적인 문학가 괴테(Johann Wolfgang von Goethe)는 이렇게 말한다.

누구나 자기가 최고라고 착각한다. 그래서 많은 사람들이 이미 경험한 선배의 지혜를 빌지 않고 실패하며, 눈이 떠질 때까지 헤매곤 한다. 이 무슨 어리석은 짓인가. 뒤따라가는 자는 먼저 간 사람의 경험을 활용하여, 같은 실패와 시간낭비를 되풀이하지 않고 그것을 이겨내고 한 걸음 더 나아가야 한다. 선배들의 경험을 잘 활용하는 지혜가 필요하다. 그것을 잘 활용하는 사람이 지혜로운 사람인 것이다.

앞선 사람들을 무조건 답습하는 것도 문제지만, 그 지혜를 활용하지 않는 것 또한 매우 어리석은 짓이다. 선배의 경험을 바탕으로 새로운 것을 창조해보자.

011 짧은 수다-사람 스트레스 파묻는 법

세상사에 스트레스 안 받는 직업이 있다면 나에게도 연락해 주기 바란다.

업무든 사람관계든 스트레스 받는다고 직장에서 표현하고 다녀봐야 무능한 놈으로 찍힌다.

스트레스 해소와 더불어 타인과의 인간관계에 있어 꽤 괜찮은 사람으로 인정받기 위해서는 다음과 같이 해 보라. 직장생활 20년에서 나온 노하우다.

1단계. 좋은 장면을 떠올려라.

↳ 그 사람과 이전에 좋았던 모습을 다시 떠올린다.

2단계. 은혜를 생각하라.

↳ 그가 나에게 주었던 도움을 생각한다. 적어도 한 두 가지 이

상은 반드시 있다.

3단계. 인정하라.

↳ 그의 성격을 인정하라. 무덤에 들어가기 전에는 성격을 고치기가 매우 어렵다. 따라서 그 사람 성격을 인정하고 그 상태에서 맞추는 것을 노력하는 것이 더 쉽다.

절대 "그 사람 성격이 왜 이래"라고 말하지 말라. 타인이 보는 당신의 성격도 그와 같이 비춰질 수 있기 때문이다.

4단계. 타인에게 그 사람 흉을 보지 마라.

↳ 절대로 서운하다고 타인에게 그를 험담하지 말라. 험담을 들어주는 사람도 반대의 경우에 놓일 수 있기 때문에 자칫 당신이 무게 없고 인내심이 없는 수다쟁이로 보일 수 있다.

5단계. 사랑하라.

↳ 마지막으로 그를 좋아하라 억지로라도 그러면 그 마음이 전달이 되고 차츰 관계가 개선되고, 서운했던 상황이 이해되기 시작하며 마음이 넓어져 당신이 오히려 사랑 받게 된다.

012 자기계발은 어떻게?

[돈 버는 데는 악착같이, 존재 하는 데는 폼 나게]

"이래서 못하고 저래서 못하고 어찌어찌 하다 보니 벌써 12월이네. 에이 내년부터 무언가를 해 보아야지"는 이렇다. 자기계발에 관한 한은 대부분 이렇듯이 보내고 자꾸 미루게 된다.

또 막상 하려고 보면 그다지 땡기는 것도 없고 괜히 돈만 축내는 것 같다. 그러다 동료의 "술 한잔 어때"라는 한 마디에 바로 포장마차로 향하는 자신을 본다. 그리고는 한 잔의 술에 스스로를 위로하고 만다. 이유는 동기부여가 안 되는데다가 스스로 마땅찮아서 그렇다. 어떤 것을 해야 한다는 강박관념 같은 것은 항상 있는데 무엇을 먼저 해야 할지 늘 막막하다.

에이 그러면 다들 어학 어학 하는데 영어학원이나 다녀 봐? 그래 봐야 한 달에 며칠이나 가는가? 처음 며칠 지나고 나면 왜 그렇게 회사에 모임은 많은지, 몇 번 빠지다 보면 습관이 되어 버리고 한 달 후 학원비가 아까워 속이 쓰리고 또 그렇게 끝난다. 또 막상 배워 봐야 그다지 당장 써먹을 데도 없다.

자기계발 서적이 홍수처럼 쏟아져 나오는 세상이다. 대부분 나는 이렇게 해서 자기계발을 했네 등등 자기계발에 대한 경험적인 사실들의 나열이 많다.

재테크와 마찬가지로 자기계발도 남들과 같은 방법으로는 한계가 있다. 왜 일까? 환경과 상황이 다르고, 개인적 성향이 다르기 때문이다.

그러면 어떻게 해야 할까? 여러 가지 사례를 참고하여 스스로 만들어 나가면 된다. 특히 "무엇을 하라"가 아니라 "어떤 자세를 먼저 마음에 새겨 놓느냐"가 중요하다. 여기서 자기계발을 잘 해 나가기 위한 확실한 방향과 몇 가지 방법을 나열해 보겠다.

우선 **자기계발의 방향**이다.

경영학자인 피터 드라커(Peter F. Drucker)가 자기경영노트에서 밝힌 조언을 보면 방향을 알 수 있다.

"조직의 성과와 결과에 큰 영향을 미치는 것으로 내가 공헌할 수 있는 것은 무엇인가?" 바로 이것이다. 우선은 조직의 업무와 관련해서 먼저 자신의 몸값을 높일 수 있고, 자신의 실력을 쌓는 일을 먼저 해야 한다는 것이다. 조직의 성과와 전혀 관계없는 것이 도움이 되지 않는다는 말은 아니다. 그러나 바로 직결하여 써먹을 수 가 없기 때문에 별로 가치를 부여하기 어렵다.

먼저 해야 할 일과 나중에 해도 되는 일이 있다. 순서를 부여해 놓지 않으면 맨날 해봐야 성과가 나타나지 않는다.

〈소유냐 존재냐(To have or to be)〉의 저자인 에리히프롬은 "운명이 허용한 지점이 어디이든 지금 존재하는 곳에서 완전히 존재하라!"고 말한다. 즉, 이 말은 소유욕에 의존한 삶이 아닌 자기 존재에 대한 믿음, 사랑으로 끊임없이 성장하는 과정에서 행복을 느끼고 최선을 다하는 삶이 우선인 새로운 인간이 되자는 의미다.

굳이 현실주의자적 발상에 맞게 말하자면 지금 생활하는 곳에서 자기 존재가치를 드높이기 위한 자신의 계발이 우선이라는 것이다라고 해석했다.

왜 존재가 중요한가? 바로 기업의 목표와도 일치한다. 기업의 궁극적인 목표를 대부분은 이윤의 추구로 알고 있다. 물론 틀린 이야기는 아니지만 가장 시급하고도 중차대한 것이 있으니 바로 '생존'이다. 즉 '계속기업'이라는 것이다.

개인도 마찬가지이다. 조직에서 완벽히 존재하는 것이 우선이다. 그래야 그 다음 미래도 있는 것이다. 그래서 기업 즉 조직과 연관된 종목을 먼저 골라서 익히라는 얘기이다.

우선은 자기가 맡은 업무 또는 직장일과의 연관성을 우선적으로 따져 보라. 직장의 일과 전혀 동 떨어져 있는 일은 차후로 미루고 연관된 자기계발을 먼저 하는 것이다.

나의 경우는 교육업무를 담당하는 속성상 가장 관계있는 자기계발이 무엇일까를 먼저 생각했다. 그래서 생각한 것이 우선 교육생들을 즐겁게 하기 위해선 마술과 레크레이션이 필요했다. 바로 시간과 돈을 투자하여 두 가지의 자격증을 취득하고 현재도 열심히 하고 있다.

다음으로는 강의를 위해서 사내강사 자격코스 및 리더십 분야와 웃음치료 분야를 공부해 두었고 기회가 와서 열심히 현장에서 뛰고 있다. 현재에도 지식함양을 위해 1주일에 한 권의 책읽기를 실천하며 꾸준히 자기계발을 하고 있다.

에리히프롬은 굳이 소유욕 충만으로 타인을 착취하는 데서 오는 기쁨이 아니라 베풀고 나누는 데서 오는 기쁨 자아실현 등의 고차원적 존재감을 말하였다. 따라서 자기계발이 단순히 돈벌이에만 해당되는 것이라고 폄하하지 않기 바란다.

다음으로 **방법론**이다.

필자가 사용한 몇 가지 자기계발을 위한 방법을 소개해 보겠다.

하나, 목표를 정하되 여러 가지 보다는 우선 **1가지씩 목표를 정하고** 끝날 때까지 몰입한다. 욕심이 나서 여러 가지를 하다보면 우왕좌왕 하여 아무 것도 이루지 못한다.

둘, 정한 목표를 **즐겨라**. 억지로 하면 차라리 안 하는 게 더 낫다. 자신이 좋아하는 부문을 찾아 무조건 즐거운 마음으로 하라. 그래도 즐거운 마음이 생기지 않으면 이거 못하면 죽는다고 생각하라. 그러면 즐겨진다.

셋, **퇴근 후의 시간을 최대로 활용하라.** 퇴근 후의 시간과 주말 및 휴일의 시간을 모두 합치면 상당한 시간이 있다는 점을 알게 된다. 시간 없다고 절대로 말하지 마라. 시간 없는 사람이 어떻게 자녀를 낳았겠는가?

넷, **돈 아까워 말라** 즉 투자하라. 자기계발을 위한 시간 때문에 괜한 술자리를 하지 않게 되어 술값을 절약할 수 있다. 따라서 추가로 돈이 더 들지 않는다. 그리고 세상에 공짜는 없는 법이다.

다섯, **장기계획을 세워라.** 급하게 단기적으로 한 번 직접거리다 끝내지 말고 적어도 몇 년 정도의 장기계획을 세워 차근차근 올라가라.

위에 열거한 방법을 참고하여 무조건 시행해 보자. 무언가 달라지는 자신을 발견하게 된다.

출근하기 위해 아침밥을 먹어야 하며 그러기 위해서는 쌀을 밥통에 앉혀 놓는 것까지는 다 안다. 마지막으로 밥솥의 시작단추를 누르지 않아 가끔 밥을 굶고 나가는 경우와 같이 2% 부족한 자신을 발견해서는 결코 발전이 없다.

쓰고 싶은 거, 먹고 싶은 거 다하고 나도 부자가 되고 싶다는 논리가 도둑놈 심보이듯이 마찬가지로 놀고 싶은 거, 쉬고 싶은 거 다하고 나도 자기계발에 성공하고 싶다는 말도 도둑놈 심보다.

조금은 참고 시간을 쪼개어 해보자. 자기계발을 열심히 하면 생존율이 높아지고, 몸 가치가 향상된다. 이것이 바로 재테크가 아니고 무엇이겠는가?

우리가 이용할 수 있는 자원 중에서 끊임없이 성장과 발전을 기대할 수 있는 유일한 것은 인간의 능력 뿐이다.

—피터 드러커

013 구두 끈과 신뢰

[신용을 잃으면 다 잃는다. 구두 끈도 적당히 매라.]

2008년 가을 단풍잎 멋진 계절을 느낄 사이도 없이 미국 발 국제금융위기 속에 우리 모두는 아주 스산한 가을을 맞고 있었다.

많은 우려가 판을 치며 유가증권 시장이 급등락을 반복하던 그때 미국과 통화 스왑 체결로 시장의 분위기가 일시적으로 돌아서는 것을 경험했다. 한시적이지만 통화 스왑 체결은 국제사회의 신뢰를 회복하는데 상당한 도움이 되었다.

리버스 스필오버(Reverse Spillover), 즉 우리시장이 외화유동성을 겪으면 보유 중인 미국국채를 팔 수밖에 없고, 이는 미국의 상황을 더 악화시키는 악순환의 고리가 형성된다는 논리의 압력으로 미국을 설득하는데 성공했다. 불과 300억 달러의 통화스왑으로 인해 등을 돌리던 외국계 투자자의 발길을 잡을 수 있었던 사실은 바로 우리시장에 대한 신뢰였다.

직장에서도 동료 간에 신뢰가 형성 되지 않으면 그에 대한 평가는 상당한 악영향을 미칠 수밖에 없다. 작은 일이나 혹여 피치 못할 작은 돈 거래에 있어서도 신뢰를 주지 못하면 술자리조차 피하게 되는 아웃사이더가 되고 만다.

한 예로 같이 근무하던 동료 중 A라는 사람이 있었다. 그는 자기 자신을 너무 과대평가 한 나머지 심지어 자신이 맡고 있지 않았던 업무까지도 자신의 공적으로 평가하며 여기저기 떠들고 다녔다. 물론 금전 관계에서도 전혀 신뢰를 주지 못했다. 고객을 위해 자판기 앞에 비치된 커피 동전까지도 자신의 동전으로 커피 대접을 했다 하여 그 만큼 동전을 가지고 가며, 식사 초청을 해놓고도 딴청 피우기 일쑤였다. 따라서 직장 대부분의 동료들은 그와 같이 식사하는 것조차 꺼리게 되었고 자연히 퇴출대상 1호로 떠올랐다.

구두끈을 늦게 매야 돈을 모을 수 있다고 착각한다. 식당에서 나올 때 구두끈을 늦게 매야 한다는 것은 본인이 초청을 한 식사나 술자리가 아닌 상황에서 괜한 객기를 부려 생색을 내지도 못한 채 내는 돈을 피하라는 의미이다.

직장 동료 간 술자리에서 적어도 자신의 차례가 되었다고 생각하면 한 번쯤은 구두끈을 빨리 맬 필요가 있다. 그래야 그에 대한 신뢰도 형성이 되어 유용한 정보도 주고 받게 되고, 아웃사이더로 취급하지 않아 롱런을 할 수 있다.

열심히 일하는 모습을 보여 동료 간 믿음을 쌓고 책임감을 느끼는 사람으로 비추어져야 비로소 신뢰를 얻게 된다. 눈앞의 약간의 공이나 돈에 너무 연연하면 더 큰 신뢰를 잃을 수도 있다는 사실을 상기해야 한다.

살아남은 자의 희망을 간직하기 위해서는 무엇보다도 자신에 대한 신뢰가 우선이다. 동료 간 믿음을 주지 못하고 지지리 궁상을 떠는 사람으로 까지 비추게 해서는 결코 득이 되지 않는다.

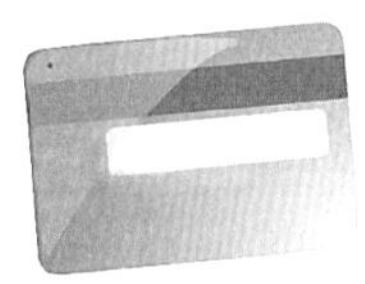

014 잘 보이되 실력으로 인정받자

손바닥을 잘 비비는 것도 능력이다. 여기에 실력까지 갖추었다면 이건 더 큰 능력이고 경쟁력이다.

적은 외부가 아닌 내부에 있다.

나의 적은 진정 먼 곳에 있지 않다. 바로 직장 내의 가장 가까운 동료들이다. 바꿔 얘기하자면 동료들이 또한 진정한 협력자가 될 수도 있다는 것이다.

일상적인 업무협력 이야기가 아니다. 업무 뿐만 아니라 업무외적으로도 진솔한 자신의 면면을 보여준다면 후에 많은 도움이 되며, 평소 그렇지 않다면 적이 되어 나에게 칼을 겨눌 수도 있다. 많은 시간을 함께 생활하기 때문에 자신에 대한 면면을 누구보다도 세세히 알고 있기 때문이다.

아내가 다니는 보험회사의 경우 회사를 옮기거나 여러 사정으로 인해 퇴사를 하는 경우가 있다고 한다. 이때 퇴사한 후 보험에 관련된 건이 있으면 그동안 다녔던 회사 내 동료 중에 가상 믿음이 가고 실력을 갖춘 사람을 소개하여 준다고 한다.

외부에서 강의섭외가 들어올 때도 마찬가지다. 누군가를 추천을 하여야 하는 경우에도 적어도 실력이 인정되는 사람을 추천 해 주게 된다. 왜냐하면 아무나 추천을 하였다가 후에 욕을 먹을 수도 있기 때문이다.

예로 A라는 사람을 강사로 섭외 하고 싶다는 요청이 들어올 때 그 사람은 강사로서는 적당치 않음을 간접적으로 말하여 오히려 방해를 하는 경우가 있다. 왜냐하면 평소 자신에게 인정머리 없게 하였을 뿐만 아니라 믿음이 가지 않기 때문이다.

결론적으로 인간관계와 함께 나름의 실력을 인정받아야 자신에게 도움이 된다는 것이다. 회사 내 동료에게 항상 열심히 일하는 모습과 함께 실력을 쌓아 놓는 것 또한 매우 중요함을 역설한 내용이다.

단순히 아는 척하라는 말이 절대 아니다. 오히려 척하고 다니면 동료의 가슴에서 이미 아웃이 되어 오히려 동료가 뒷다리 잡고 흔드는 경우가 있을 수 있다. 인간미 있게 처신하면서도 은근히 자신의 실력을 갖추어 동료의 진정한 믿음을 사놓으라는 말이다.

거듭 강조하지만 돈을 아끼는 것 이외에 수입을 더 늘리는 것 또한 훌륭한 재테크이기 때문이다.

015 절대 부하직원의 생일 잊지 말자

리더십의 기본이 부하의 아린가슴을 어루만져 주어 자기를 진정으로 따르게 만드는 것이다.

언제부터 상사의 생일을 자신의 아내 생일보다 절대 잊지 않고 더 챙기게 되었는가? 입사초기엔 그러지 않았을 것이다. 나이가 먹어감에 따라 조직에 순응한다고 해도 그렇지 상사의 생일만큼 부하직원의 생일도 잘 챙겨줘야 한다. 부하직원의 생일날 관심 없이 넘어가면 재테크에도 많은 손해를 본다는 사실을 잘 모르는 것 같다.

이게 무슨 소리인가? 라고 되묻는다면 다음과 같은 논리를 이해해 보자.

물론 상사의 생일을 챙기지 말라는 소리가 아니다. 그만큼 부하직원의 생일과 그 직원의 자녀 졸업식 등을 잊지 않고 관심을 가져주면 당신이 대우를 받게 된다는 것이다.

누가 먼저 퇴직을 하게 되는가? 당신의 상사가 먼저 나가게 된다. 그리고 나면 당신이 퇴직할 때까지 보필을 해 줄 사람은 바로 부하직원이다.

또 한가지가 있다. 당신이 퇴직 후라도 부하직원이 잊지 않고 다시 한 번 찾아 주는 사람으로 되기 위해선 상사보다는 사실 부하직원에 더 잘 보여야 한다.

진급도 늦어서 마음고생도 많이 하고 있는데 팀장이나 과장들의 생일은 거나하게 챙겨 주며 정작 자신의 생일날 무시당해 본 적이 있는가? 무척 섭섭하다.

그런데 대놓고 챙겨 줄 수 없어서 몰래 다가와 소주라도 한잔 하자며 같이 나가 주는 사람이 있다면 얼마나 고맙겠는가. 정말 눈물이 난다. 지금도 그를 잊지 못한다.

졸업식 날 팀장이나 과장들의 자녀들은 아주 근사하게 선물을 사다 주며 축하해주는데 정작 자신의 자녀 졸업식 날은 아무도 신경을 써주지 않는다면?

부하로부터 멋있는 상사로 존경을 받고 퇴직 후라도 자신을 불러주며 대우를 받기 원한다면 아래 직원의 생일을 빼먹지 말아라.

016 직장인의 평범한 삶을 위해서

평범한 삶보다 비범하게 사는 삶이 더 쉽다.

직장인의 바람 중에 평범하게 한평생 사는 것이 목표인 경우가 많다. 그저 큰 꿈을 꾸기보다는 평범하게 직장생활하고 한 평생 있는 듯 없는 듯 그리 살기를 희망한다는 바람이다. 한 마디로 꿈이 없는 것이 아니라 너무나 큰 꿈을 가지고 있다는 것을 우회적으로 내비친 것이다.

대부분은 그런 바람이 큰 꿈이라고? 질문을 하게 될 것이 뻔하다. 생각해 보아라 그것이 큰 꿈이 아니면 무엇이겠는가?

요즘 같은 산업구조에서는 필사의 생존법칙으로 무장해야 살아남을 수 있다. 그럼에도 그것이 큰 꿈이 아니고 아주 소박한 생각이라고 말할 수 있겠는가?

사오정. 오륙도라는 말이 판을 치는 시대에 평범한 삶을 꿈꾼다는 것 자체가 대단한 일임에 틀림없다. 그래도 저마다 정년을 생각하지 않을 수는 없는 일이라 그 정년까지만이라도 잘리지 않고 붙어 있기를 희망한다.

그러면 그 꿈을 다시 한 번 생각해 보자 어떻게 하면 평범한 인생을 살며 아주 평범하게 정년까지 마칠 수 있을까?

그에 대한 대답은 "지금의 직장에서 남보다도 더 평범하지 않게 일해야 한다"이다.

역설하자면 평범을 부르짖는 사람은 더욱 평범하지 않다는 것이며, 그 만큼 일에 더욱 열정을 가져야 한다는 것임을 잊지 말라. 당신은 아주 어려운 것을 선택했기 때문이다.

나는 감히 이렇게 말하고 싶다. "평범을 지향하는 자는 그 보다 더 높은 목표를 세워라, 그래야 시대가 용인해 줄 것이다."

4편

그저 용서하라
그래야 서로의 마음이
따뜻해진다

001 경기변화와 심리

> 눈물 젖은 빵을 먹어 보아야 인생의 참 의미를 느낀다고 한다. 그렇다고 허구 헌날 신세타령만 하고 있지는 말라.

삶이 어려울수록 옛날의 일을 생각하거나 절대적인 것에 기대는 현상이 늘어난다고 한다. 그래서 불경기일수록 복권이 더 잘 팔리고 점집이 북적거리며 카지노의 매출이 증가한다고 한다. 아마 절박한 심정으로 인해 마음 둘 곳, 그리고 갈 곳을 몰라서 더욱 그럴 것이다.

구제금융시절 정말 홀랑 망하고 나서 과거를 반성하며 지내던 때, 업무 출장길에 오를 때마다 먼 곳을 응시하곤 하였다. 그러다 어느 고향집 같은 시골집이 보일 때면 옛날 어린 날의 그리움이 떠올랐고, 그 시절처럼 좀 더 작고 좀 더 검소하게 조그마한 일이라도 감사하며 소박하게 살았다면 이렇게 되지는 않았을 텐데 하며 후회하곤 하였다. 또는 그러한 삶을 지금 보이는 저 집에서 누리고 산다면 딸아이 손잡고 동네 어귀에 놀러 가 물장구치며 놀텐데 등의 욕심 없는 삶에 젖어 본적이 한 두 번이 아니었다. 그러면서 재기하면 다시는 과욕을 부리지 않겠다고 몇 번이고 다짐하였다.

아마 이런 마음은 자신감을 상실함으로서 나타나는 현상인 '현실도피 심리'를 나타낸 것이라고 볼 수 있다.

언제나 지나고 보면 경기 사이클이 반복되는 것을 알게 된다. 아하 그 때가 불황이었구나. 지금은 그 때와 비교할 때 좀 더 나은 편이구나 등등.

인생의 굴곡과 경기사이클도 마찬가지인 것 같다. 하지만 가장 중요한 것은 마음가짐에 있다. 자신의 행복과 불행은 외부의 사건보다도 내적으로 어떤 마음을 갖느냐에 따라 다르다.

혹여 "인생 뭐 있어 한방이지"라는 자포자기 심정으로 강원랜드에 올인하거나 복권을 줄창나게 사대는 행동을 자제해야 한다. 어려울수록 용기를 내고 지금의 자신을 더욱더 사랑하고 가족과 많은 대화를 나누는 것이 도움이 된다. 우선 처방해야 할 내용은 다음과 같다.

첫째, 힘들수록 좀더 일찍 퇴근하라. 그래야 그나마 술값도 절약할 수 있고 몸도 상하지 않게 된다.

둘째, 복권가게 앞은 돌아서 가라. 괜한 마음으로 사다 보면 이 역시 돈 잃고 마음도 상하게 된다.

셋째, 가족과 많은 대화를 하며 서로를 격려해줘라. 자칫 힘든 상황으로 인해 부부간의 싸움을 미연에 방지하는 효과가 있다.

넷째, 자녀들에게도 상황을 알리고 도움을 요청하라. 그래야 자녀들도 인내하고 부모의 입장에서 행동하게 되어 가정의 분위기가 안정된다.

마지막으로 아무 이유 없어도 웃는 모습을 유지하라. 웃어야 마음도 좋아지고 긍정적 사고가 생기기 때문이다. 그래야 생각도 잘 되고 일이 잘 풀린다. 〈명심보감(明心寶鑑)〉에 이런 내용이 있다.

子曰 不觀高崖면 何以知顚墜之患이며 不臨深泉이면 何以知沒溺之患이며 不觀巨海면 何以知風波之患이리오.

공자왈 "높은 낭떠러지를 보지 않으면 어찌 엎어져 떨어지는 근심을 알 것이며, 깊은 샘을 보지 않으면 어찌 몸이 빠져 죽는 근심을 알 것이며, 큰 바다를 보지 않으면 어찌 풍파의 근심을 알겠는가"

이탈리아 시인인 레오파르디의 명언도 들어보자.

누구나 커다란 시련을 당하기 전에는 진정으로 참다운 인간이 못 된다. 그 시련이야말로, 자기가 존재하는 것을 인식하고, 동시에 자신의 위치를 결정하고 규정하는 계기가 되어 그의 운명이나 지위가 이때 결정된다. 그럼으로 커다란 시련을 겪기 전에는 누구나 어린 아이에 지나지 않는다.

상황이 어렵다고 불안해하거나 지나치게 공포감을 느낄 필요는 없다. 어려움 뒤에 또 다른 기회가 오는 법이다. "비온 뒤 땅이 더 굳어진다."고 했다. 인생은 늘 그렇다. 우선은 웃는 마음으로 이겨내고 살아남는 것이 더 중요하다.

002 입에 맞는 떡

[내 입에 맞으면 타인의 입에도 맞기 때문에 구하기가 쉽지 않다.]

최근 강의 때문에 자주 오시는 이 교수님께서 갑자기 한숨을 쉬신다. 나이가 70이 넘으셨어도 정정한 체력을 유지하며 늘 웃음 띤 모습으로 열강을 하시는 분이시다.

막내 아들이 어렵게 취업한 국내 굴지의 모기업에 다니다가 1년만에 사표를 냈다는 것이다. 요즘 경제도 어려운 시대 취업을 하지 못해 청년실업이 100만을 헤아린다는 기사를 접하는 상황에서 상당히 당황스럽다는 것이다. 이유는 회사에 적응을 하지 못해서 자진해서 상의 한마디 없이 나왔다는 것이다. 늘 하는 일이 설문조사나 조사분석이라는 것인데 본인의 성격에 맞지 않더라는 것이 이유였다. 교수님도 혀를 끌끌 차시며 안타까워 하셨다. 말하지 않은 또 다른 이유가 있었겠지만 참으로 이해하기 힘들었다.

일전 조카의 경우가 생각났다. 회사를 다니기 싫어 어두운 표정으로 있기에 물어보니 회사 사람들을 대하기가 너무 힘들며 또 일도 많고, 제 적성에도 잘 안 맞는 것 같다는 푸념을 했다. 그때 나는 다음과 같은 이야기를 조카에게 해주었다.

입에 맞는 떡을 찾기가 쉽지 않다는 사실을 잘 알 거다. 세상에는 여러 종류의 사람들이 있어 그 사람들과 어울리지 못하면 외딴섬에 가서 혼자 사는 방법 밖에는 없다고 본다. 일찍이 아리스토텔레스는 "인간은 사회적 동물이다."라는 말을 했지 않은가. 그리고 그런 스트레스를 이겨야 제대로 급여 값을 하는 거라고 생각한다.

아울러 일이 많은 회사니까 너를 선발해 주었다고 생각한다. 일감이 없는 회사가 누굴 뽑겠는가?

또 회사에서 하는 일이 사실은 많은 과제를 해결하는 게 주업이다. 생각을 긍정적으로 바꾸는 게 좋을 것 같다. 물론 하고 싶은 일을 하면 야 좋겠지만 세상사가 내가 하고 싶지 않다고 해서 안해도 되는게 아니지 않느냐 그리고 아무리 명문대를 나와도 밑바닥부터 시작해야 소위 회사 돌아가는 것을 알게 되고 관리자의 위치에 서면 진정한 리더십을 발휘할 수 있는 거란다.

나는 조카에게 이렇듯 별소리를 다하며 꼬드긴 일이 있다.

취업을 했다 하더라도 2년을 못 넘기는 경우가 많다고 한다. 우리세대가 보면 이해가 안 되는 것 같지만 가만히 생각해보면 나와

동기들도 입사 초 너무 힘들어서 사표 쓸 궁리를 했던 기억이 났다.

그 때 선배의 한마디가 나를 잡아 주었다. 대학 나왔다고 해도 일선의 경험을 쌓지 않고는 진정한 관리자가 못되며, 3개월을 버티면 3년을 버틸 수 있고, 3년을 넘기면 그제서는 적응을 완벽히 한 것이기에 끝까지 갈 수 있다며 우선 3개월을 열심히 지내보라고 격려를 해주었다.

왜 적응하는데 힘들어 할까? 기성세대가 보면 한심해 보여 단순히 적응을 못하는 신세대만을 탓한다. 가만히 생각을 해 보면 그들만을 탓할 일도 아니라는 것이다.

우선 우리세대와는 달리 비데, 휴대폰, 자동차 그리고 컴퓨터를 사용하며 커온 그들의 문화를 이해해주어야 그들이 쉽게 적응하는 방법을 찾을 수 있을 거라 생각한다. 기성세대가 적응해 오던 그 시절 그 방법만을 고집한다는 것이 과연 옳은 방법일까? 그리고 신입사원도 본인의 논리만 내세우지 말고 적응하고 인내하는 방법을 찾아야 한다.

로마의 시인인 오비디우스의 명언을 마음에 새기며 새로운 출발을 해 보라.

참아 내야 한다. 지금의 슬픔도 훗날에는 확실한 보람이 될 수 있기에 참아야 한다. 지금의 아픔도 훗날에는 확실히 영광이 될 수 있기에 이겨 내야 한다. 지금의 고통도 후에는 확실히 웃음이 될 수 있다.

003 수능과 기회

꿈이 있는 사람에게는 기회도 스스로 찾아온다. 그러나 꿈만 꾸지 말고 열정을 더 가져라 그래야 비로소 그 꿈이 익는다.

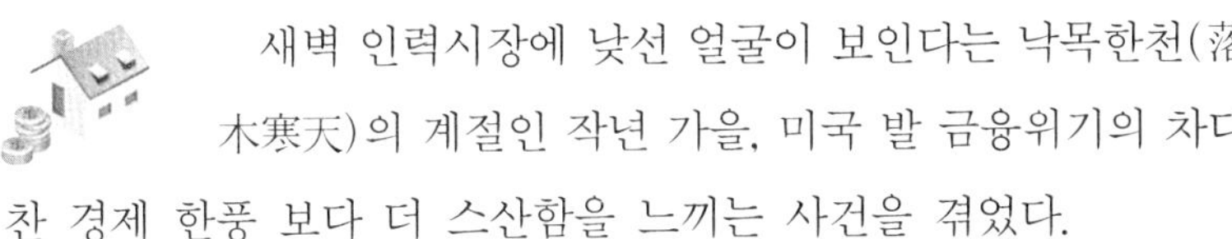

새벽 인력시장에 낯선 얼굴이 보인다는 낙목한천(落木寒天)의 계절인 작년 가을, 미국 발 금융위기의 차디찬 경제 한풍 보다 더 스산함을 느끼는 사건을 겪었다.

평소 가세가 기울어 맞벌이로 생활하다 보니 과외도 제대로 시키지 못하고 많이 챙겨주지 못해 안쓰러워하던 아내가 큰애의 수능을 앞두고는 회사일마저 제대로 못하고 신경을 쓰고 있었다.

내가 해 줄 수 있는 말은 오로지 시험 볼 때 당황하지 말고 침착하게 '긴장 반 자신 반'의 심리상태를 유지하라는 말 뿐이었다. 긴장을 너무 하면 실력발휘를 못할 것이고, 너무 자신감만 있으면 방심하기 때문이다.

시험 당일 날 멀리 떨어져 주말부부로 지내는 나는 전화 한통 못하고 아내에게만 당부하는 것으로 만족하고 있었다. 혹여 전화를 하여 큰애가 더 큰 부담을 안을까 봐 자제를 했던 것이다. 그럼에도 불구하고 워낙 소심한 성격이었던 나를 닮아 혹여 긴장을 하여 제 실력을 발휘하지 못하면 어찌하나 하는 걱정이 하루 종일 떠나지 않았다.

그 옛날 예비고사를 보던 때 너무 긴장하여 시험을 제대로 보지 못한 망령 때문이었다. 그래서 이런 심리상태를 극복해 보고자 그 후로는 시험을 볼 때 마다 긴장감반과 자신감반의 연습을 많이 하였다. 긴장을 줄일 수 있는 방법은 긍정적 사고를 유지하는 것이었다. 다음 번에 다시 보면 되지 뭐 하면서 기분을 최대한 건방질 정도까지 끌어올리는 것이었다. 워낙 소심한 성격이 있어 긴장을 줄일 수 있는 방법을 다양하게 구사를 하였다. 괜한 미소를 한 번 지어 보인다거나, 평상심을 최대한 유지하며 연습처럼 즐겁게 풀자, 처음 시험지를 대하여 가슴이 확 막히는 상황이 되면 창문 밖을 응시하며 1분간 심호흡을 하자, 우선은 아는 문제부터 풀고 어려운 문제는 나중에 풀다 안 되면 찍자 등등 나름대로의 전략을 짜는 것이다.

시험이 끝나고 통화를 하였다. 그다지 썩 잘 치른 것 같지 않다는 것이다. 내심 아내는 기대하고 있었던 것 같았다. 그 동안의 모의고사 성적을 보면 소위 일류대학이라는 데를 갈 수 있을 정도의 성적이 나온다는 것이었다. 나는 그 때마다 어느 대학 보다는 성적에 맞는 대학을 선택하면 되고 적성에 맞는 과를 고르면 되는데 너무 신경을 쓰지 말라고 했다.

꿈을 가지고 있는 자는 어느 대학이 중요하지 않다면서 말이다.

가지고 있는 꿈이 있는 사람은 어떤 상황에서도 그를 이루기 위해 목표를 설정하고 열심히 하게 되어 반드시 이루게 된다는 점을 많이 강조 했었다.

혹자는 평생 기회는 단 3번 온다는 등의 말을 한다. 아니다 절대 아니다. 기회는 늘 널려 있다. 다만 그 기회를 갖기 위해 우리가 부단히 준비를 안한 것뿐이다.

월터 크라리슬러는 이렇게 말했다.

"수많은 사람들이 인생에서 성공하지 못하는 이유는 기회가 문을 두드릴 때, 뒤뜰에 나가 네잎 클로버를 찾기 때문이다."

또 카네기도 이렇게 이야기 했다.

"기회를 놓치지 말라! 인생은 모두가 기회이다."

수능시험의 점수가 모든 인생을 결정짓지는 않는다. 시험 후 아내와 딸애는 많은 실망을 하였다. 평소 모의고사 성적보다도 훨씬 점수가 나오지 않았다는 것이다. 그 원인을 알아보니 전체적으로 작년시험보다 어렵게 나와 당황하는 바람에 나를 닮은 딸애가 실수를 한 것이었다.

속상해 하는 아내와 딸에게 말하였다. 당황하지 않고 자신의 실력을 최대한 발휘하는 것도 실력이라고, 어떤 상황이 연출될지 모르기에 그전에 착실히 준비를 해야 하는 거라고.

우리나라 양궁이 왜 24년간 세계최고가 될 수 있었는가를 역설했다. 개최국의 방해를 받을 것을 예상해 그런 환경을 만들면서까지 연습하고 하다못해 침착성을 기르기 위해 뱀을 목에 두르는 피나는 훈련을 하지 않았던가.

그러면서 위로를 해주었다. 좋은 점수를 위해 준비한 찹쌀떡에 체하여 시험을 아예 보지 못한 사례, 컨닝으로 오해를 받아 시험을 망친 사례, 아예 2분이 늦어 시험장에 못 들어간 경우 등등을 이야기해주었다.

다시 한 번 생각해 보면 참으로 모진 것 같다는 느낌이 들었다. 오로지 한 번의 시험을 통하여 모든 것을 판단해야 한다는 것이 가혹 한 일인 것이다. 그래서 많은 이들이 또 다른 기회를 갖기 위하여 '재수'라는 것을 선택하는 것이 아니겠는가?

도모노 노리오의 행동경제학에 이와 같이 한 번의 기회로 판단하는 것이 오류라는 내용이 나온다. 예를 들어 신인선수가 3안타를 치고 명 타자인 이승엽 선수가 무안타를 쳤다고 해서 이승엽 선수를 무능하다고 판단한다면 잘못이라는 것이다.

비록 단기적으로 타율이 오르락내리락 해도 대수의 법칙에 따라 장기적으로는 평균치 타율로 수렴하는데 이런 현상을 '평균으로의 회귀'(Regression to the mean, Regression effect)라고 한다.

즉 평균으로의 회귀를 무시하는 것은 소수의 법칙에 따른 오류로서 단 한 경기라는 작은 샘플로 실력을 평가해버리는 착오라고 한다. 그래서 기업들도 수습사원이나 인턴사원 제도를 도입하고 면접조차도 상호토론을 통해 여러 가지를 테스트 하는 것이다.

어쨌든 실력을 충분히 발휘하기 위하여 열심히 노력하는 것 또한 중요한 일이다. 그리고 자신의 몸을 많이 살찌어 놓아야 날아오는 기회라는 화살을 남보다 더 맞는다는 사실을 절대 잊지 말자.

004 상판이론

나는 더 좋은 판이었더냐? 노력하여 바꾸지 않았던가? 내 마음의 판을 먼저 바꿔라.

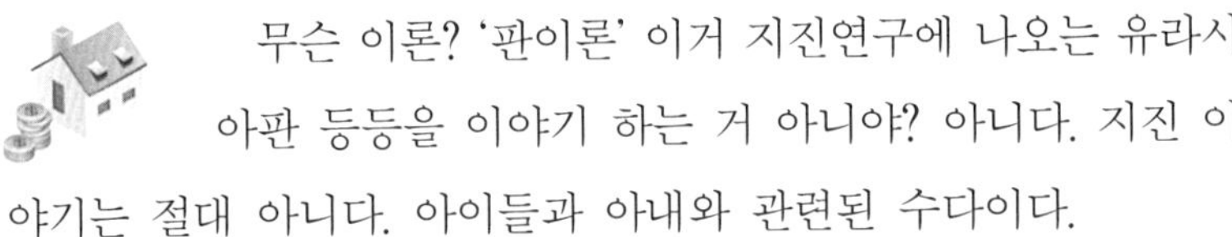

무슨 이론? '판이론' 이거 지진연구에 나오는 유라시아판 등등을 이야기 하는 거 아니야? 아니다. 지진 이야기는 절대 아니다. 아이들과 아내와 관련된 수다이다.

"현재의 판을 좋은 판으로 바꾸려면 내 마음의 판을 먼저 바꿔라"

대부분 신혼 초의 달콤함에서 벗어날 즈음 한 번 더 세상을 다 얻은 것 같은 기쁨을 맛보게 된다. 바로 아이들이다.

처음 갓난아이일 때에는 내 자식의 판은 예쁘고 잘생겼으며, 키도 크고, 머리가 똑똑하여 공부도 잘할 거라고 착각한다. 그렇지 않게 생각하는 사람 있으면 손을 들어 주기 바란다. 그러나 그것도 잠시 아이들이 차츰 자라면서 조금씩 현실을 인정하기 시작한다.

또 퇴근 후 한잔하러 간 곳에 있는 분들은 왜 그렇게 판이 좋은지. 그러다 집에 와서 문을 열면 아까 30분 전에 본 그 판과는 완전히 다른 아내가 보인다.

그러면 여기서 왜 그럴까? 라는 질문이 나온다. 당연하다. 아이들은 커가면서 주어진 유전인자 때문에 아빠의 바람과는 다르게 키가 작거나 못생기거나 또는 공부도 그다지 못할 수도 있다.

또 집에 있는 아내는 살림과 육아에 지치다 보면 자신을 꾸미지 않게 되어 결혼 전의 모습을 유지하기가 힘들다.

이때 우리는 그러면 어떻게 해야 할까? 라는 질문을 스스로 해야 한다.

첫째, 현실을 인정하라.

설사 아이가 쉽게 국문해독을 못하더라도 윽박지르지 말라. 본인의 어렸을 때를 생각해 보라. 당신은 잘 하였는가? 우선 아이의 현 상태를 인정하고 그에 맞는 교육을 시켜라.

교육을 시킬 때 아주 좋은 방법 하나를 소개 하겠다. 대부분 부모들은 내 아이가 빨리 한글을 깨우치길 바라며 '가나다라'나 'ㄱㄴㄷㅁ'을 먼저 가르친다. 이 방법은 한마디로 아주 무식한 방법이다. 어떤 사물과도 연관되지 않는 글자를 하나하나 따로 떼어서 그대로 기억하기가 쉽지 않기 때문이다. 따라서 관심을 가지는 사물에 그 이름을 써서 붙여 놓고 아이가 그 사물을 가리킬 때마다 계속 읽어 주어라. 그리고 동화책을 틈틈이 읽어 주는 것을 병행하라.

어느 날 갑자기 책을 줄줄 읽는 아이를 발견 하게 될 것이다.

둘째, 수준에 맞게 색칠을 하라.

내 아이니까 더 많은 교육을 시켜야지라는 욕심을 부린다. 따라가지도 못하는 수준을 제시하고 아이를 압박한다. 절대 그러지 말라. 하나하나 관심을 가지는 것을 집중해서 시켜야 제대로 한다.

무엇보다도 중요한 것은 부모 자신이 항상 공부하는 자세를 보여 주라. 매일 TV보면서 자식에게만 공부하라고 하면 잘 하겠는가? 정 볼 것이 없으면 신문이라도 보라. 그래야 자식과 대화가 되고 부모를 존경하게 된다.

셋째, 포용하라.

잘하든 또는 기대에 어긋나든 포용하라. 그래야 자기 자신을 사랑하게 되고 비뚤어지지 않는다. 매일 구박을 하면 자기 자신도 스스로에게 구박을 하게 되기 때문이다. 그렇다고 매를 아끼라는 메시지가 아니다.

마지막으로 집에 있는 아내에게도 투자하라.

아내에게도 화장품, 미용, 옷 등을 투자하라. 그래야 늘 지쳐 있는 듯한 판을 바꾸려고 노력하게 되고 스스로 생기 있게 변한다. 그러면 빨리 집에 들어오고 싶어지고 그러므로 술값을 아끼는 것은 물론 부부금실도 더욱 돈독해진다.

잘못된 판을 탓하기 전에 자신이 가지고 있는 마음의 판을 먼저 바꿔라. 그렇지 않으면 거울 속에서 당신을 보며 한숨을 내쉬는 어떤 멍청한 사람으로 변해 있는 자신을 발견하게 될 것이기 때문이다.

005 필요할 때는 과외를 시켜라

열정이라는 나무에 불을 붙여야 하는데 불 쏘시개가 없으면 참 힘들다.

과외에 너무 의지해도 문제지만 너무 도외시 해도 그다지 도움이 되지 않는다. 의례적으로 처음부터 과외를 시키기 시작하면 의타심만 커져 스스로의 학습능력이 떨어진다. 학교공부 시간에도 과외를 통해서 하면 되겠지 생각하며 게을러져 집중하지 못하기 때문이다.

적어도 나의 경험으로는 그렇다. 그러나 과외가 절실히 필요할 때가 있다.

중학교 시절이었다. 초등학교 때는 곧잘 하던 공부하였는데 중학교에서는 그다지 두각을 나타내지 못하고 거의 반에서 꼴찌를 달리고 있었으며 의욕이 떨어져 있는 상태였다.

어느 날 성적표를 보시던 어머니께서는 안되겠다며 소위 과외라는 것을 시켜주셨다. 돈이 적게 드는 과외를 하려다 보니 고등학교를 다니는 학생을 선택하셨다. 지금 생각해도 그는 그다지 공부를 잘 하는 학생으로 보이지는 않았으나 노력을 하는 사람이었던 것으로 생각된다.

나의 인생을 바꾼 몇 살 위의 선생은 고작 해주는 것이 과외시간의 절반은 얘기이고 또 절반은 몇 가지 외우는 작업만을 확인한 것이 모두였다. 그러나 놀랍게도 잠깐 두 달을 한 것이 전부였으나 다음 학기에서 바로 반에서 4위로 뛰어 올랐다. 그 때 담임선생님이 놀라던 표정이 지금도 잊혀지지 않는다.

방법은 이랬다. 그 선생이 가르쳐 준 것은 첫째 왜 학교를 다니며 공부를 해야 하는지에 대한 동기부여였고 둘째 자신감을 불어넣어 주는 것이었다.

부모가 가라고 해서 다니는 학교가 아니고 무엇을 위해서 가야 하며 적어도 어떤 꿈을 그리며 살아야 하는지와 그 꿈을 이루기 위해서는 지금 할 수 있는 것이 무엇인지를 물어 보며 지도 해주는 것이었다.

다음으로는 몇 가지 중요한 공부 방법을 가르쳐 주었다. 수학의 경우 공식을 외어서 적용하는 방법을 가르쳐 주고는 몇 시간이고 혼자 해결할 수 있는 능력을 키워 주는 것이었다. 역사 쪽은 우선 전체적으로 시대별 사건을 재미있게 이해하도록 하고 사건별로 의

미를 부여하는 방법을 혼자서 터득하도록 하였다.

즉 "하면 된다"는 자신감을 부여하여 스스로 접근하는 능력을 길러 준 것이다. 그리고 누누이 당부하는 사항은 **학교수업 시간에 집중하라**는 잔소리였다. 즉 수업시간을 충실히 하고 난 후에 모르는 것이나 이해가 부족한 내용만을 보충하거나 과외를 통해 해결하라는 주문이었다.

나중에야 알게 된 사실이지만 그 선생은 자신도 꼴찌에서 탈출했던 방법을 그대로 전수해 준 것이었다. 그 때 그 과외선생을 만난 것이 행운이었다.

그 후 나도 같은 방법을 써서 중학생을 가르친 얘기는 서두에서 했지만, 무엇보다도 **왜 해야 하는지**와 함께 그러면 지금 **어떻게 해야 하는지**가 중요한 것이다.

과외는 정말 필요한 순간에 적절한 타이밍을 갖는 것이 중요하나 우선은 공부를 해야 하는 당위성을 심어 주는 것이 먼저이다. 그래야 공부에 관심을 갖게 된다.

006 자녀교육과 돈의 상관관계

> 우환거리도 모두 다 내 탓이다. 올바른 자식교육이 바로 돈일 수 있다.

사람들이 저마다의 재테크를 열거하고 있지만 인생에 정답이 없다는 말처럼 그들의 재테크 방법 역시 옳다 또는 그르다라고 확실히 답할 수 없다. 왜일까? 처한 상황과 개인의 가치관이 다르기 때문일 것이다. 그러나 여기 만고불변의 진리처럼 통하는 사실이 하나 있다.

즉 자녀교육이 재테크에 미치는 영향은 절대적이라는 사실이다.

대부분은 목전의 돈을 자녀교육 보다 더 중요시 한다. 우선 먹고 사는 문제에 심각하게 부딪칠 때는 어쩔 수 없다 손 치더라도 약간의 여유가 있을 때는 자녀교육이 당장의 여유 돈 굴리기보다 훨씬 중요하다는 사실을 잊어서는 안된다. 아무리 많은 돈을 벌어도 자녀교육을 실패하면 사상누각(砂上樓閣)이 될 수 있기 때문이다.

얼마 전 TV에서 〈타짜〉라는 드라마를 보았을 것이다. 그 전에 만화를 원작으로 하여 영화로 선보였던 내용을 다시 드라마로 각색을 하여 재미를 더 하였다. 이때 우리는 타짜의 세계를 간접적으로 나마 엿볼 수 있었으며, 한편 도박이 얼마나 무모한 짓인지도 알게 되었다. 그러나 대부분은 이런 무모한 일을 당하고 나서야 정확히 깨닫고 후회하게 되는 것 같다.

우리 집안 이야기다. 어느 집안이나 애물단지라고 표현하는 집안의 우환 거리가 있다는 농담을 주고 받곤 하지만 우리집안이야 말로 참으로 어처구니 없는 애물단지가 있었다.

어머니께서는 당신이 어려웠을 때 태어났고 그로 인하여 살아가야 하는 목적이 생기고 기쁨을 주었던 큰아들이 실로 대견하셨다고 한다. 그러다 보니 남들이 버릇이 없어 큰일난다고 하여도 나에겐 기쁨을 주는 큰 아들이니 아들의 뜻을 거역하지 못하고 많은 것을 해주셨다.

물론 잘 키우고 싶어서 여러 가지 방도를 하셨지만 다음과 같은 큰 실수를 하셨다. 우선 강하게 키우질 못하여 형이 갖춘 것은 나약함 그 자체였고, 독립심을 길러주지 못해 시키는 것 챙겨 주는 것 외에는 어떤 것도 제대로 하지 못하였다. 또한 허영심에 들떠 모든 것을 특히 돈에 대해서는 너무나도 쉽게 생각을 하고 손만 벌리면 마이다스의 손인 어머니께서 채워주신다는 것을 당연하게 생각을 하였던 것이다. 그것이 그대로 성품으로 굳어졌다. 한때는 정신을 차리고 학교생활을 제대로 하려고 노력했던 사실도 없었던 것은 아니지만 사회생활에서 그 성품이 그대로 나타나 시쳇말로 뚝 건달이 되었다.

조상 대대로 내려오던 꽤 큰 문중의 산을 큰아들이라고 둘째와 셋째 아들과 공동명의 조차 하지 않고 물려주었고 이것이 화근이 될 줄은 아무도 상상하지 못하였다.

허영심에 들뜬 그는 취업에는 관심도 없이 쉽게 돈 버는 일만 고민하다 제대로 사기집단을 만나게 되고 그들은 그러한 성품의 형을 몇 년 꼬드기더니 어느 날 현재는 시가로 수십억 원이나 하는 임야를 단돈 2천만 원에 그것도 하룻밤에 날리게 만들었다. 드라마에서처럼 소위 호구라는 사람을 꼬여서 터는 장면과 같이 서양화가 아닌 동양화로 말이다. 참으로 원통한 일이 아닐 수 없었다.

그 후로 그 사기 집단은 흔적도 없이 사라졌고 얼마 후 〈타짜〉라는 만화를 통해 그들이 그런 집단의 부류라는 사실을 알고 경악을 금치 못했던 일이 있었다. 그 외에도 사업한답시고 어머니에게 손을 벌려 많은 돈을 날렸다.

지금은 그나마 정신을 차리고 개인사업을 하고 있지만 이 사업마저도 어머니가 살고 계시는 집을 담보로 대출을 받아 마련한 것이다. 이러한 것을 보더라도 자녀교육이 얼마나 재테크에 많은 영향을 미치는 지를 가늠할 수 있을 것이다.

물론 사기당한 그 임야는 현재는 개발이 되어 아파트와 상가로 차있다. 그 앞을 지날 때 마다 자녀교육의 중요성을 항상 되새기곤 하였다. 수십억 원을 지키는 것도 바로 올바른 자녀교육의 힘이 크다는 것을 말이다. 아마도 주변에서 자녀의 망나니짓에 그동안 쌓아 올린 돈탑이 무너지는 종류의 이야기를 흔하게 들었을 것이다.

어머니께서는 누구보다도 재테크에 관심이 많았고 또 남다르게 돈을 모았다. 교육공무원이신 아버님 덕택에 그 어려웠던 60년 대를 남들보다는 그래도 덜 굶고 생활을 하였다. 그렇지만 어머님께서는 돈에 대한 집착이 강하여 들에 나가 밭을 일구고 웬만한 반찬거리는 손수 지어서 해결하셨고 휴일날도 강에 나가 채석 일은 물론 산과 들로 나물이며 버섯을 따서 돈벌이를 하셨다.

열심히 사는 부모님이 참으로 위대해 보이기도 하였지만 형에 대한 생각만 하면 슬그머니 울화가 치밀곤 하였다. 시골에서 시내로 오실 때에도 어머님이 그동안 독하게 모으셨던 덕으로 작은 집이라도 사서 이사를 할 수 있었다. 그런데 이러한 피나는 노력이 한 순간에 물거품이 될 수 있다는 것이다.

위의 사례로 보면 재테크도 자식의 올바른 교육 여하에 따라 성공이냐 실패냐를 결정짓는다고 할 수 있다.

형에게는 너무나 관대하시고 형의 말이라면 팥으로 메주를 쑨다고 해도 믿으셨던 어머니의 넘치는 사랑이 문제였다. 물론 필자도 자녀가 있다. 그렇다고 누구 못지않게 자녀 교육을 잘 시킨다는 것은 아니다. 어떤 것이 과연 현명한 것인가에 대해 좀 더 고민해 보았고, 자녀 교육의 실패가 가져오는 것이 얼마나 큰가를 뼈저리게 느꼈기 때문에 이 책을 읽는 분들에게 다시 한 번 생각을 해 볼 수 있는 기회를 주고자 이 이야기를 하는 것이다. 누구나 자녀의 장래를 위해 많은 투자를 하지만 다음의 몇 가지를 새겨 보는 것이 도움이 될 것이다.

첫째, 몇 푼의 돈을 더 벌려고 할 때는 자녀에게 얼마만큼 신경을 덜 쓰게 되는가를 생각해야 한다.

이 경우는 생계형 직장을 갖는 경우보다는 자녀의 학원비 등을 위해 부업을 하게 되는 경우에 해당이 될 것이다. 부업을 통하여 돈을 더 버는 양보다 자녀를 돌보아 올바른 성품을 갖도록 가정교육을 하는 편이 훨씬 더 나을 수 있다는 것이다. 눈앞의 몇 푼도 중요 하지만 무엇보다도 올바른 자녀교육이 우선임을 잊지 말자.

둘째, 어렸을 때부터 경제교육을 병행해야 한다는 것이다.

돈을 벌 때 얼마만큼 힘이 들며 그것이 결코 공짜로 생길 수 없다는 점을 가르쳐 주고, 돈의 중요함을 충분히 가르쳐 주어야 한다는 것이다. 그것도 아주 엄격하게 해야 한다.

셋째, 문제는 부모의 행동이다. 부모 자신이 열심히 사는 모습을 보여 주자.

즉 직장에서 뿐만 아니라 집에서도 자녀와 허락하는 한 많은 시간을 갖으며 부모 자신도 공부하는 모습을 보여주라는 것이다. 집안에서 늘 자녀를 의식하지 않고 모여서 고스톱 놀이를 하는 주부를 몇 번 본 적이 있다. 아이들이 어려서 전혀 의식하지 않는 것 같지만 어머니에 대해 갖는 감정이 별로 좋게 형성 되지 않는다.

아내에게도 아파트에서 고스톱 게임하며 노는 분들하고는 절대로 친하게 지내지 말고 그 같은 모임에는 참석하지 말 것을 수차례

당부하곤 하였다. 일전 뉴스에서 보도 된 바 있는 주부도박에 빠져 가정파탄을 염려해서라기보다는 자녀 교육에 결코 좋지 않은 인상을 주기 때문이었다.

넷째, 과잉보호를 피하라이다.

즉 너무 과한 보호를 하여 아이의 독립심을 길러 주지 않고 그러므로 스스로 문제를 해결할 수 있는 능력을 길러 주지 못하거나 오히려 창의성을 짓밟는 행위가 있어서는 안 된다. 소위 마마보이가 오히려 더 위험할 수 있다. 자녀에게 쏟아 붓는 애정은 올바른 자녀교육을 위해서일 것이다.

영어 속담에도 "매를 아끼면 자식을 망친다."라는 말이 있듯이 자식을 너무 오냐 오냐 하면 나중에 부모가 그 죄를 받는다는 말을 상기해야 할 필요가 있다.

자식에게 진정 좋은 말을 해주고 사랑해주는 것과 과잉보호는 엄연히 다르다는 것을 명심하라. 재테크에 혈안이 되어 혹여 자식 교육에는 등한시 하고 있지는 않는지 한 번 돌아볼 일이다.

成家之兒는 惜糞如金하고
敗家之兒는 用金如糞이니라
(집안을 성공시킬 아이는 똥을 금 같이 아끼고,
집안을 멸망하게 할 아이는 금을 똥과 같이 대한다)

－명심보감

007 영희는 왜 학원을 가지 못했을까?

잘못하면 영희 뿐만 아니라 영희 동생도 못 갈 수 있다.

어느 날 막내 딸아이가 전화로 영어에 대해 무언가를 얘기하고 있었다. 영어학원에 다녀와서 더 알아야할 내용이 있느냐는 질문에 이런 이야기를 해주었다. 같이 다니던 친구가 있는데 오늘 배운 내용을 물어보아서 전달해주는 것이라고 하였다.

무슨 일이 있어 친구가 학원에 출석을 안 하였느냐고 재차 질문을 하였다. 그러자 딸아이는 영희가 학원을 그만 두었다고 하였다.

그럼 집에서 혼자 열심히 하려는 거구나? 라고 하자 그런 것이 아니고 친구네 아빠가 학원을 그만두게 하였다는 것이다.

이유는 이렇다. 친구네 오빠가 대학을 가게 되어 등록금 마련 때문에 학원을 그만두게 했다는 것이다. 친구는 영어학원에 다니며 즐거워했고 행복해했다고 한다. 얼마나 가고 싶었던 학원인데 불과 몇 달 다니지 못하고 접게 되어 매우 서운해했다는 것이다.

당신에게 이런 경우가 발생하지 않으리라는 법은 없다. 평소 자녀의 학자금을 미리 마련하지 못한 데서 오는 가슴 씁쓸한 상황이다.

자녀가 어렸을 때는 언제 대학에 들어가나 하고 막연히 넘어가기가 쉽다. 그러나 잠시다. 금방 아이들이 성장하게 되며 바로 큰 돈이 들어가는 중고등학교나 대학을 맞게 된다. 물론 중고등학교보다 대학은 등록금 및 기타 비용이 훨씬 더 크다. 이런 경우를 미리 예측하여 준비를 해두어야 한다는 것이다. 막상 닥치면 어떻게 되겠지. 그 때 가서 생각하면 되겠지가 아니다. 자금 용도를 정할 때 주택자금, 학자금 그리고 노후자금 등 세분해서 정해 놓아야 한다.

혹자는 의아하게 생각할 수도 있다. 아니 이 정도도 모르며 돈 관리 한다고 하지 않는데 웬 잔소리를 할까? 아니다. 주변을 살펴보아라 대부분은 먼 나라 남의 이야기 취급한다. 반드시 짚고 넘어가라 결혼 후 출산계획을 세웠다면 그와 함께 학자금 계획도 세워라. 그래야 동생의 비애가 생기지 않는다.

사실 나도 비슷한 경우를 겪었다. 소위 한참 잘 나갈 때는 돈을 많이 벌어두면 별도의 세부계획을 세워두지 않아도 되겠지 하였다. 그러나 투자금을 몽땅 날리고 나니 학자금이 당장 걱정이 되었다.

세부계획을 세워 목표를 정해둔 학자금이 있었다면 쉽게 깨지 않게 된다. 즉 따로 생각해둔 자금이라고 대못을 박아두면 설사 다른 곳에 투자할 때에도 이 돈 만큼은 제외하고 사용을 하게 된다. 그래야 어려운 상황이 발생해도 투자금만 날리게 되고 학자금은 살아 있게 된다. 항상 여러 가지 변수를 생각하라. 그래야 좀 더 안전해진다. '만사불여(萬事不如)튼튼'이다.

008 오바마는 아빠나이에 대통령 하는데

자식이 되바라졌다고 탓하지 말고 나보다 더 똑똑하다는 것에 기뻐하라.

누구나 자기 자신보다는 자식이 더 잘되기를 바라지 않는 부모가 세상에 있을까? 아마 없을 것이다. 그래서 맹자의 어머니도 더 좋은 환경을 위하여 이사를 했다는 그 유명한 맹모삼천지교(孟母三遷之敎)라는 이야기가 있지 않은가? 못 먹고 못 배운 한을 풀고자 자식을 위해서 너무나 많은 희생을 하는 것이 우리부모의 심정일 것이다.

그러나 요즘은 자식에게 소위 올인하여 노후에 비참해질 수 있다며 한편으로는 말리는 사람도 있다. 맞는 말일 수도 있다. 모든 것을 쏟아 붓고 오로지 자식이 봉양(奉養)하기만을 기다린다는 것이 서로에게 득이 되지 않는다는 논리다.

어느 날 집에 놀러 온 딸아이의 친구가 있었다. 이것 저것 관심을 가지고 물어 보았다. 친구가 돌아간 후에 왜 아빠 엄마들은 비슷한 질문을 하냐는 것이었다. "집이 어디냐, 아빠는 무슨 일을 하시냐"까지는 그래도 참을 수 있다고 하였다. "너는 공부를 잘하느냐? 반에서 몇 등을 하느냐?"라는 질문을 왜 하는 것이냐며 따졌다.

딱히 할 말도 없고 해서 무의식적으로 한 행동이었지만 듣고 보니 맞는 말이었다. 바로 비교본능이 발동을 했던 것이다. 어려서부터 심한 경쟁을 하며 성장한 우리들이기 때문일까?

무엇이든지 비교해보고 싶은 심리가 발동을 하는 것이다.

"친구는 공부를 잘하는데 너는 왜 이모양이냐."

"누구누구는 모 대학을 장학생으로 들어갔다더라." 등등.

아마도 딸아이가 친구들 보다 뒤쳐지지는 않는지, 그래서 과외를 시켜야 할 것인지, 혹은 그를 빌미로 꾸짖을 준비를 하고 있었던 것은 아닌지! 그리고 왜 우리는 다음과 같은 질문을 하지 않는지 한 번쯤 반성해야 할 것이다.

"어떤 운동을 좋아 하는지, 취미가 무언지, 학교생활에서 즐거운 것이 무엇인지, 장래희망을 위하여 어떻게 준비하고 있는지, 아니면 좋아하는 노래가 무언지" 등등

오로지 경쟁의 원리만을 터득하며 살아왔던 후유증일 게다.

누구누구는 너 만한 나이에 전교회장을 하더라고 한다면 이렇게 대답할 것이다.

"에이 오바마는 아빠나이에 대통령을 하는데"

009 부자가 되는 쉬운 길

[아하 그렇구나 라고 끄덕이지만 말고 진실로 느껴 보자. 돈도 행복해지기 위해 버는 것이다.]

원래 인간이란 만족하지 못하는 동물이라 했던가. 아무리 돈을 벌어도, 그렇게 고생하던 시절보다 나아져도 좀처럼 만족감이 들지 못한다.

왜 그럴까? 바로 비교본능 때문이라고 한다. 남과 비교해서 자신의 그 무엇이 항상 부족해 보인다는 것이다. 남과 비교하여 나보다 좋은 차, 더 넓은 평수의 집, 보수가 더 많은 직장 등등을 무의식적으로 비교하게 된다. 특히 친구나 친척뿐만 아니라 잘 아는 학교동문인 경우도 그가 사는 집, 차, 직장, 그 동안 번 돈 등에 비교하는 자신을 볼 때가 많다. 그러면서 시샘이 나고 불만족하여 심사가 뒤틀리곤 한다. 그래서 사촌이 땅을 사면 배 아프다는 이른바 '사촌 땅 배탈증'을 보이는 것일 게다.

지금에서야 생각해 보면 막 직장생활을 시작하고 나서 결혼하여 월세 방에 살던 때가 훨씬 오손도손 했었다. 돈을 모아 부자가 되겠다고 결심한 후 우연히 많은 돈을 벌었을 때 왜 만족감을 느끼지 못하고 또 다른 일을 저지르게 되었는지를 생각해 보면 나 또한 마찬가지 심리였기 때문이었다. 돈을 벌어도 늘 돈이 모자랐고 항상 짜증을 냈다. 만족하는 법을 몰라서 그랬던 것이다.

2009. 1. 17일 SBS의 〈그것이 알고 싶다〉라는 프로를 보던 중 여러 가지 내용 중에 눈길을 끄는 것이 하나 있었다. A그룹은 2개 B그룹은 1개의 사탕을 주었을 때 B그룹의 어린이들이 비교 불만족으로 인해 집중도가 떨어지는 것이 관찰 되었고, 그 후 B그룹은 전과 똑같이 1개를 다른 그룹은 사탕을 주지 않았다. 이상한 것은 첫 번째 실험에서 불만족이던 어린이들이 두 번째에서는 같은 1개의 사탕을 받았음에도 주지 않은 상대그룹의 어린이를 비교해서 만족하게 행동한다는 내용이었다.

영국의 사상가이며 경제학자인 존 스투어트 밀(John Stuart Mill)의 말처럼 우리는 부자를 바라는 게 아니라 남과 비교하여 부유해지기를 바라는 것일 수 있다.

직장에서도 그렇다. 승진에서도 차라리 모르는 사람인 경우는 별반 신경이 가지 않고 오히려 내가 잘 알고 있는 입사동기일 경우 더 스트레스를 받게 된다. 왜 나보다 그가 먼저 인가? 혹시 손바닥을 잘 비벼서 일까? 등등. 이것도 비교심리 때문일 것이다.

좋은 강의를 많이 듣다 보니 만족감과 행복감을 느낄 수 있는 방법을 제시하던 어느 교수님의 강의가 생각난다. 자주 오시는 이대웅 교수께서 늘 강조하시는 말씀이 있다. 바로 자신의 수입을 만족감으로 나누면 행복지수가 나온다는 것이다.

즉, 수입/만족(욕심) = 행복이라는 말이다. 예를 들어 수입이 100만 원이고 만족(욕심)이 200만 원이면 행복감은 0.5이지만 50만 원으로도 만족(욕심)한다면 행복감이 2로 늘어난 다는 것이다.

아주 좋은 이론이다. 많은 세월에서 깨우친 진리라고 한다.

필자도 여러 경험을 통해서 터득한 것이지만 만족하지 못하면 행복감이라는 것은 죽었다 깨나도 못 느낀다.

부자가 되는 방법은 남과 비교하지 않는 것이다. 남은 남이고 나는 나이다. 남과 비교하기 시작하면 끝이 없다. 모든 방면에 불만족할 수밖에 없다. 자신의 외모, 재산, 성격, 행동 등도 마찬가지이다.

아무리 많이 가져도 또 비교하게 되어 최후에는 세계 1등 부자인 워랜버핏과도 비교하게 될 것이다.

남과 비교해서 자신의 불만족을 상승시키기 보다는 하나하나 이루는 작은 것에 감사하고 만족하는 자신을 만드는 것이 바로 부자 되는 방법일 것이다.

010 도움 안 되는 진학지도

내 방식은 내 시대에 잘 통했고, 자식의 방식은 자식의 시대에 더 잘 통한다.

수능시험이 끝나고 대학문제로 밥상을 마주한 채 대화 아닌 대화를 하던 우리 가족은 소리가 커지며 말다툼을 하는 수준까지 발전했다. 순간 옛날 고등학교 시절 아버지와 진학 문제로 대면했던 일이 불현듯 떠올랐다. 지금의 밥상 대화나 그 옛날의 밥상 대화가 전혀 다르지 않다는 사실을 느끼는 순간 참 부끄러운 생각이 들었다.

그 시절 가부장적인 태도와 엄격한 장유유서(長幼有序)의 질서를 강조하던 아버지의 기세에 눌려 말 한마디 제대로 하지 못하고 늘 듣는 태도만을 유지하고 있었다.

그러나 당시 누구나 부러워하는 직업인 판검사를 외치며 그쪽 방향으로 진학을 하라고 강요하시던 아버님이 원망스러워 대들었다. 실력의 유무를 떠나 자신의 적성과 원하는 학문을 할 자유가 있다며 강하게 반론을 제기했던 것이다. 그 후 부모님이 실망하시던 표정이 아직도 생생하다.

한참을 생각해 보았다. 지금의 나도 어쩔 수 없는 그 모습을 보여 주고 있는 것은 아닌지. 자식의 의사를 깡그리 무시하고 삶에 찌들려 어느 직업을 가지는 것이 철밥통을 유지하며 오래 생존하여 퇴직 때 까지 보다 편하게 먹고 사는 방법인지만을 주장하고 있지는 않은지.

이제 와서 생각해 보면 아버지의 생각이 옳은 부문이 있음을 수긍하지만 당시에는 속물처럼 보이는 부모님이 꽤나 미웠다. 살아오면서 세파에 흔들리다 보니 내 자식만큼은 고생하지 않고 살기를 바랐던 것이다.

지금의 내 자식도 마찬가지이다. 평소에는 도전하며 살라고 선구자적인 모습을 보이더니 진학 문제에 있어서는 그 방향이 배고프고 힘드니까 좀 더 안정적인 직업을 선택하는 쪽으로 가라고 하는 말에 격분한 것이다.

한편 서운했지만 다른 한편에는 내 자식도 많이 자랐구나 하는 마음이 들었다. 다시 생각해 보면 부모의 말을 거역하지 못하고 내 내 자신의 적성을 고려하지 않는다면 늘 후회하는 인생을 살 것이라는 생각에 소름이 돋았다.

실수는 반복하지 말아야 하는데도 늘 마음 한 켠에는 이중적인 태도를 유지하고 있지는 않은지 반성해야 한다. 그리고 항상 내 생각만이 옳다는 주장이 지나치지는 않은지. 자식이 원하는 것을 이해하고 따뜻한 말로 격려하려고 노력하지 않았는지도.

자식이 원하는 방향을 들어준다고 해서 아버지의 권위가 실추되거나 우리시대의 아버지가 죽었다는 식으로 표현할 필요는 없다. 누군가 도전하는 삶이 있어야 세상을 바꾸며, 그럼으로써 서로가 발전된 시대를 맞는 것이 아니겠는가? 내 자식은 편하게 안정된 직업만을 고집하고, 세찬파도에 휩쓸리며 태평양을 건너는 위험한 일은 남의 자식이어야 하는가 말이다.

빌게이츠나 故 정주영 회장과 같이 커다란 업적을 남긴 이들처럼 남들이 하지 않는 일도 도전하여야 새로운 세상을 맞게 되는 것이 아닐까 싶다. 자식의 편안함 보다는 오히려 도전과 열정을 심어주는 일에 좀더 신경 써 보자. 오늘날 우리가 좀 더 나은 세상을 만들고 싶거든. 그리고 따뜻한 격려와 응원을 해주자.

몬티첼로의 성인(聖人)으로 불리었으며, 미 대통령을 지낸 제퍼슨은 이렇게 말한다.

한두 마디의 상냥한 말이면 상대방의 마음을 밝게 해주고 유쾌한 분위기를 만들 수 있는데도 그렇게 하지 않는다면 그것은 마치 초를 아끼기 위해 어둔 속에 있는 것과 같다. 한 마디의 말이 날카로운 칼이 되기도 하고 혹은 솜처럼 따뜻하고 부드럽기도 하다. 어느 쪽을 택할 것인가는 우리의 마음에 달려 있다.

011 우리 집은 부자인줄 알았는데

자기통제를 잘 못하면 옛날이나 지금이나 밥 빌어먹기 딱 좋다.

"우리집은 부자인 줄 알았는데…" 둘째 딸아이의 푸념이다. 모처럼 휴일을 맞아 먹고 싶은 것을 사겠다고 돈을 요구하자 아내가 충족감을 느끼지 못할 만큼을 준 모양이다. 뒤이어 아내의 훈시가 이어졌다. 먹고 싶은 것 다 먹고, 쓰고 싶은 것 다 쓰고, 남들 해외여행 갈 때 같이 가면서 나도 부자가 되고 싶다는 말이 모순인 것처럼 아껴 쓰지 않고는 부자의 문턱에도 가지 못한다는 잔소리를 한바탕 늘어놓았다.

어릴 적 어머님께 많이 듣던 말과 비슷한 면이 있다. 남 놀 때 놀고, 남 잘 때 자면서 상위권에 들기를 바라는 것은 도둑놈 심보와 같으니 좀 더 자기를 통제하여 남보다 더 학업에 매진하라는 소리를 귀가 따갑도록 들었다.

지금 와서 생각해 보면 아주 타당한 말이다. 돈이 생기는 대로 그 돈이 다 떨어질 때까지 하고 싶은 것에 소비하면서 나도 부자가 되겠다는 것도 역시 도둑놈 심보다.

그러나 자기통제가 말처럼 쉬운 일은 아닌 것 같다. 작년에 대서특필 되었던 뉴스 중에 1920년대 찰스 폰지 사건과 유사한 메이도프의 대형사기가 있었다. 이 또한 폰지식의 사기였다. 고수익을 미끼로 투자자를 끌어 모으고 뒤따라 투자하는 사람들의 돈으로 수익을 지급하는 방식이다.

이 소식을 접하면서 개인이야 '정보 부족'과 '탐욕'의 결과로 치부할 수 있다지만, 프랑스의 최대은행인 BNP 파리바와 유럽 최대 은행인 스페인의 방코 산탄데르 그리고 세계 3위 은행인 HSBC 까지도 거액의 돈을 물린 것을 보면 자기통제 부족에서 오는 '탐욕' 만으로는 무언가 설명이 부족하다는 느낌이 든다.

미국 발 국제금융위기의 시발점도 메릴린치 같은 투자은행들에 대한 정부의 적절한 관리감독의 부재를 지적하지 않을 수 없다고 한다.

정부의 합당한 감독 여부를 떠나 우리나라에도 이런 크고 작은 다단계 피라미드식의 금융사기가 거의 매년 뉴스를 장식하곤 한다.

적어도 "나는 그러한 사기에 절대 당하지 않는다.", "다 멍청한 타인의 문제이지 나 하고는 전혀 관계가 없는 일"이라고 자기통제를 자신하는 것도 별로 소용이 없는 듯하다.

취업이 어려운 현실이다 보니 본의 아니게 고학력자인 대학졸업자도 많이 당한다고 한다. 따라서 거듭 당부하지만 이런 종류의 사건에 휩쓸리지 않으려면 자기통제와 더불어 **"사기는 남이 치는 게 아니라 어쩌면 우리 마음의 과도한 욕망이 부른 것은 아닐까?"**를 생각해 보아야 한다.

그럼으로써 늘 자신을 돌아보아 괜한 욕심을 내고 있지는 않은지, 대박 환상에 젖어 있지는 않은지를 살펴야 한다. 그래야 벼락부자 심리를 떨치게 되고 자기통제를 상실하는 일이 발생하지 않게 된다.

쓰고 싶은 거, 하고 싶은 거 다하면서 부자가 될 수 있다는 말은 바로 사기이고 도둑놈 심보임을 반드시 명심하기 바란다.

5편

이제 다시 한 번 생각해보자

001 나와 다른 너

지구에 인종도 많고 나라도 많다는 것은 누구나 알고 있는 사실이다.

2008년 세계적으로 깜짝 놀랄 일이 발생했다. 바로 제44대 미국대통령의 탄생이다. 버락 오바마(Barack Hussein Obama)로 불려지는 그는 흑인이었기에 더욱 놀란 것이다.

인종차별을 극복하고 대통령으로 당선되었다. 그러나 경악할 일은 미국 국민들의 선택이었다. 지금까지는 도저히 흑인을 뽑을 것 같지 않았기 때문이다. 소위 브레들리 효과(Bradley effect)를 뛰어넘은 결과이었기에 더욱 그랬다.

브레들리 효과는 선거 용어로 백인 유권자가 여론조사에서는 흑인을 선택하겠다고 응답하고 실제 투표에서 백인후보를 찍는 현상으로 와일더 효과(Wilder effect)라고도 한다.

1982년 캘리포니아 주지사 선거에서 민주당 후보였던 흑인인 톰 브레들리가 여론조사와 출구조사에서 공화당 후보 조지 듀크미지언(Deukmejian)을 앞섰지만 실제 개표 결과에서는 브레들리가 패했다.

그런데 당시 우리나라의 반응을 보면 한 가지 공통된 점이 있다. 우선 오바마와 같은 점을 찾아내려고 한다는 사실이다. 즉 동질감의 형성이다. 예로 오바마의 어린 시절 인도네시아에서 기거를 하였을 때 그는 개고기는 물론 뱀도 먹었다는 이야기와 함께 한국에 대한 인식이 "매우 근면한 사람들이다"와 같은 동질적 요소들이 있음에 주목하는 기사였다.

왜 유독 우리는 무언가 동질적 요소를 찾아내는 것일까? 우선 친밀감을 형성하기 위함이고, 그럼으로써 우호적인 관계를 형성하는데 바탕으로 삼고자 하기 위한 일임에 틀림없다.

자신의 경우도 한 번 생각해 보자. 직장에서나 업무적으로 타인을 대할 때를 상기해 보면 상당히 만연해 있음을 알 수 있다. 만나자마자 혹시 고향은 어디세요? 학교는? 나이는? 서로의 공통점을 찾는 당신의 모습을 어렵지 않게 볼 수 있다. 즉 연고주의(지연, 학연, 혈연)의 산물이다. 그래야 닫혀 있던 마음의 벽을 조금이나마 허물 수 있고, 사업에 관한 협상을 순조롭게 진행할 수 있다고 믿기 때문이다.

틀린 이야기는 아니다. 그리고 결코 나쁘다는 말도 아니다. 그러나 동질감을 형성치 않은 이질적인 것을 배척한다는데 문제가 있다는 점을 지적하고자 한다.

미국 국민들이 보여 준 선택에서 우리는 이질적인 것이라 하더라도 능력을 중시하여 지도자로 맞는 태도에 많은 갈채를 보내야 한다.

그리고 우리도 배타성을 버리고 다른 문화도 수용하는 태도를 가져야 더욱 발전을 모색할 수 있다고 생각한다. 이제는 단일민족이라는 자랑보다는 타민족을 수용할 줄 아는 자세를 견지해야 하지 않을까?

2007년 말 현재 등록 외국인의 수가 76만 명이 넘는다고 한다. 또 심심치 않게 동남아시아나 동유럽 국가 출신의 아내들을 볼 수 있다. 즉 다민족 다문화 국가로 가고 있는 것이다.

중국의 지도자 덩샤오핑이 지난 1979년 내놓은 중국정부의 실용주의 노선을 대변하는 말로 '흑묘백묘[黑猫白猫]론'이라는 것이 있다. 즉 검은 고양이든 흰 고양이든 쥐 잘 잡는 고양이가 최고라는 의미로 미국을 방문하고 돌아와 자본주의 방식을 도입하기 위해서 한 말이라고 한다. 어쨌든 거대한 중국의 발전이 여기에서 비롯되었다고 한다. 현명한 선택이 아닐 수 없다.

토론에 있어서도 나와 다른 의견이 대두되어 상충하게 되면 나쁜 사람으로 간주한다. 그러나 그가 나쁜 사람이 아니라 나와 생각이 조금 다를 뿐이다. 대화에 있어 가장 꺼려지는 사람은 "내 생각만이 옳다고" 목청껏 주장하는 사람이다. 우리사회에 경제도 중요하지만 정신경제도 중요하지 않을까?

이제는 생각의 다양성을 인정해 주는 문화도 받아들여야 한다.

국내 굴지의 인재경영을 중시하는 기업에서는 국내는 물론이고 해외의 인재라도 능력이 있으면 어떤 요구조건이라도 들어주며 적극적으로 영입한다고 한다. 세계화와 글로벌 시대에 걸 맞는 행동을 이제는 우리 자신도 해야 하지 않을까 생각해 본다.

002 간절히 꿈을 꾸자

[뭐든지 꿈을 꿀 때는 간절해야 한다. 그렇지 않으면 꿈을 꾸다가 깬다.]

우리집의 우환거리가 중학교를 다닐 때였다. 부모님께서는 시골 면 단위의 학교를 보내느니 차라리 고모님이 계시는 읍내의 학교에 보내는 것이 훨씬 나을 것이란 판단을 하셨다.

당시 늘 바쁘게 돌아다니시며 이것저것을 하시는 오지랖이 넓은 고모님이다 보니 밥도 제대로 챙겨 주지 않아 형님께서는 꽤나 고생을 하였던 것으로 기억된다. 그러던 중에 맹장염이 발생했다.

배는 아픈데 도통 원인을 몰라 고민하던 형님은 집으로 가서 어머님에게 여쭙고자 시골 가는 버스를 타기 위해 막 승차를 하는 순간 어머님께서 부르는 소리가 들려 깜짝 놀랐다고 한다. 그 후 바로 병원으로 가서 수술을 할 수 있었다.

평소 애지중지하던 큰 아들을 보내 놓고 매일 밤을 노심초사 하시던 어머님께서 꿈에 아픈 모습의 형님이 보이더라는 것이다. 그길로 아침도 드시지 않고 읍내로 나가셨던 것이다.

간절히 원하자 꿈에서나마 서로간의 텔레파시가 통했던 듯하다. 무엇이든지 마음에 두고 염원을 하면 이루어진다고 한다. 생각해 보면 그럴 것 같다.

마음에 항상 있으니 모든 사물이며 생각이 다 그와 연관되어지고 그럼으로써 염원한 대로 행동을 하게 되기 때문일 것이다. 그래서 자신이 이루고자 하는 꿈을 간절히 원하면 이루어진다고 하는 것일 게다.

필자의 경우도 강의일자를 잡아 놓고 내용을 구성할 때는 무엇을 보더라도 평소에 무심코 지나치던 것을 강의 자료와 바로 연결시키는 경험을 자주 한다. 강의를 해야 하는 상황을 마음에 담고 있으니 자료로서의 가치가 보이기 때문이다. 그리고는 명강사라고 스스로 자기암시를 한다. 물론 대단한 효과가 있다. 심리적으로 위축되지 않으며, 수강자와 쌍방향으로 소통이 잘된다.

심리학에 '피그말리온효과'(Pygmalion effect)라는 용어가 있다. "다른 사람이 나를 존중하고 기대하는 것이 있으면, 기대에 부응하는 쪽으로 변하려고 노력하여 그렇게 된다"는 것을 의미한다고 한다.

자기 충족적 예언이라고도 하며, 그리스신화에 나오는 조각가 피그말리온의 이름에서 유래한 용어이다. 조각가였던 피그말리온은 아름다운 여인상을 조각하고, 그 여인상을 진심으로 사랑하게 된다. 여신은 그의 사랑에 감동하여 여인상에게 생명을 주었다고 한다.

간절함이 현실로 이루어진 것이다. 우리는 2002년 한일 월드컵에서도 경험을 했다. "꿈은 이루어진다."는 사실을.

몇 해 전 영국의 노래경연 대회인 〈브리튼즈 갓 탤런트〉 티브이 프로그램에서 아주 남루한 옷을 입고 잘나지 못한 한 핸드폰 세일즈맨이 참가했다. 그는 어렸을 때 왕따였고 종양의 고통과 교통사고를 겪어 한 때는 가지고 있던 꿈을 포기할까라고 생각도 했었다고 한다. 그러나 그는 성악가의 꿈을 놓지 않고 푸치니 오페라 투란도트의 〈공주는 잠못이루고〉(Nessun Dorma)를 불러 끝내 자신의 꿈을 이뤄 낸 감동의 스토리를 전해 주었다. 수많은 이들의 눈시울을 적시게 한 그는 바로 폴 포츠(Paul Potts)였다.

갖은 역경을 이겨내고 그도 해냈다. 우리도 죽는 날까지 절대 놓지 말아야 하는 것이 바로 꿈이 아닐까 생각한다.

여기서 우리는 인생에 있어서 한 가지만을 생각하자. 바로 '**자신의 꿈**'이라는 것을 그리고 그것을 이루기 위해 성경에 나오는 이 말도 깊이 새겨 보자. 누가복음 11장 9절에 이런 말씀이 있다.

구하라 그러면 너희에게 주실 것이요, 찾으라 그러면 찾을 것이요, 문을 두드려라 그러면 너희에게 열릴 것이니(Ask and it will be given to you ; seek you will find ; knock and the door will be opened to you.)

003 금고 데이트

서로는 인생을 살아가는데 동반자이지 나의 소유물이 아니다. 내 아내라도 마찬가지다.

입사 후 처음으로 부임을 하였던 일선창구의 금고에서 기막힌 사건을 겪었다. 업무상 모(母) 출납을 담당하던 시절이라 대형 금고에 자주 드나들 수밖에 없었다. 그 때 바로 위의 과장이 장난을 한답시고 밖에서 금고 문을 닫는 통에 고생을 많이 하였다. 대형 금고여서 안에서 아무리 소리를 지르고 두드려도 밖에서는 다른 직원들이 듣지 못하기 때문이다.

그 후에 부서를 옮겨 근무하던 중에 우리 부서 팀장에 대한 재미있는 이야기를 들었다. 바로 내가 근무하던 그 금고에서 커다란 사건을 겪었던 팀장이었으며 나만 모르고 있었던 사실이 있었다.

당시 팀장이 해당 사무실에서 근무하던 때에 옆자리의 여직원과 좋아하는 사이였었다고 한다. 따라서 일부러 기회를 보아 두 사람이 금고에 들어갔을 때를 노려 밖에서 문을 잠그고 퇴근을 하였고 아침이 되어서야 모르는 척하고 문을 열어 주었던 것이다. 즉 금고 데이트를 타직원들이 모의를 하였다. 이유는 둘의 사이를 좀 더 가깝게 해 주자는 취지였다고 한다. 물론 결혼에 성공을 하였고 지금은 일선의 최고 지점장의 자리에 있다.

사내연애는 여러 가지로 많은 숙제를 주는 것 같다. 대놓고 사귀면 눈치를 받지는 않으나 다른 직원이 사귀는 어떤 한 사람을 대할 때 불편할 것이고, 몰래 데이트를 하려니 여러 가지로 힘들다.

개인적으로는 속전속결로 결론을 짓는 것이 좋다는 의견이다. 이유는 길게 가게 되면 주변사람들이나 본인들이 서로 불편하기 때문이다. 사내에서 좋은 감정을 갖게 되는 것은 장소와 시간이 주는 혜택 때문이다. 아무래도 눈에 많이 띄게 되고 긴 시간을 같이 일하다보니 본의 아니게 상대에 대한 장단점을 쉽게 파악할 수 있어서다.

그렇다고 여기저기 기웃거리며 집적거리는 것도 보기 좋지 않다. 특히 주의할 점은 총각이 아니라 결혼을 한 직장인들이다. 혹여 좋아하는 상대가 있더라도 애써 감정을 삭이고 업무적으로 대하는 것이 롱런하는 길이다. 남녀가 좋아하는 것은 결혼 전이나 후라도 어쩔 수 없는 사항이라고 항변하는 사람도 있으리라 본다. 그러나 결혼 후라면 이미지 상 사내에서의 연애가 별로 좋은 감정을 쌓지 못하는 정도가 아니라 아주 치명적이기 때문이다. 다른 이들이 그것을 빌미로 뒷다리를 잡거나 뒤에서 씹는다.

좋아하는 것과 달리 사랑으로 발전하는 것은 전적으로 자기통제의 문제이다.

따라서 더더욱 조심해야 하며 개인적으로나 업무적으로나 절대해서는 안 되는 사항임을 잊지 말라. 그 정도도 통제를 못하면 끝내 직장에서 떠나야 하기 때문이다.

성경에 이런 말씀이 나온다.

네 이웃의 집을 탐내지 말지니라. 네 이웃의 아내나 그의 남종이나 그의 여종이나 그의 소나 그의 나귀나 무릇 네 이웃의 소유를 탐내지 말지니라. (출애굽기 20장 17절)

(You shall not covet your neighbor's house. You shall not covet your neighbor's wife, or his manservant or maidservant, his ox or donkey, or anything that belongs to your neighbor.)

탐학(貪虐)이 지혜자를 우매(愚昧)하게 하고, 뇌물이 사람의 명철(明哲)을 망하게 하느니라. (전도서 7장 7절)

(Extortion turns a wise man into a fool, and a bribe corrupts the heart.)

004 그리움

> 삶이 그대를 속일지라도 슬퍼하거나 노하지 말라. 우울한 날들을 견디면 믿으라 기쁨의 날이 오리니. 그리고 지나가는 것은 훗날 소중하게 되리니
>
> –푸시킨

매년 봄만 되면 벌써 40년이나 지난 초등학교 시절이 생각나곤 한다.

어느 날 교사였던 아버님을 따라 강원도 두메산골 마을로 전학을 가게 되었다.

그 때가 1968년이었고 어렵게 살던 산골 마을이었다. 대부분 아이들이 도시락을 가져올 형편이 안되어 책보자기에 옥수수 2개 정도가 고작이었고 그도 못 가지고 오는 친구들도 많았다. 당시는 교통이 발달되기 전이었고, 도시 집중화 현상이 심하지 않았던 터라 그 산골에 6학년까지 모두 1개 반씩 있는 학교였다.

아버님께서는 늘 교육자로서의 본연의 임무를 다하시느라 그 적은 급여도 반정도 밖에 가지고 오지 못하셔서 옥수수밥, 감자밥을

많이 먹고 컸다. 지금도 여름에 아내와 아이들이 좋아하는 옥수수와 감자를 찔 때면 그 시절 그 냄새가 베어 있는 듯 하다.

아버님께서는 당시 가난한 산골 아이들의 가정형편을 생각하여 징수하던 육성회비 등 각종 갹출금을 못 내는 학생들의 돈을 대신 내느라 그랬던 것이다.

어려운 아이들을 생각하면 감히 다그치지 못하겠다고 하시면서 몸소 많은 사랑을 실천하셨다. 축이 난 급여를 감당하시느라 이른 새벽에 나무 짐을 지시고, 여분의 땅을 개간하여 직접 농사도 지으셨다. 따라서 말이 선생 아들이지 늘 농사일 거들며, 나물과 버섯을 채취하느라, 나무 짐 지느라 무척 고생스러운 생활을 하였다. 겨울에는 눈이 무릎까지 빠지는 산을 나무 짐 지느라 헤메고, 가을에는 버섯 채취하러 산을 헤메고, 봄에는 산나물 캐러 산을 헤메며 거의 산에서 살았다.

군에 입대해서도 역시 전방의 최고 높은 산꼭대기에서 군 생활을 하여서 인지 지금은 등산을 하진 않지만 산의 향기 만큼은 누구보다 잘 알고 있다.

어느 날 천방지축인 1학년을 도저히 가르치지 못하겠다며 울던 20대 초반의 여선생을 대신하여 나이도 많으신 분이 율동과 춤을 선 보이며 사랑으로 가르치시던 모습에서 배웠던 사랑과 긍정의 힘과 운동회 행사 후 남은 노트를 어머님께서 요청해도 절대 가져오지 않으시며 모범을 보여야 한다는 참 행동을 하셨던 일 그리고 동네의 대소사에 도움을 주시며 상생(相生)을 실천하셨던 모습이 생각난다. 전근 발령을 받고 아버님을 따라 그 동네를 떠나던 날 대부분의 동네 분들이 이삿짐을 날라 주며 우시던 모습도 떠오른다. 그처럼 동네에 많은 인심을 얻고 계셨던 분이셨다.

봄이 되면 옛날 동네며, 아버님과 함께 산에 올라 나물 캐고 들에 나가 밭 갈고 일하던 때가 때론 그리워 진다. 그 때 보았던 빨간 산나리 꽃도 물론이다. 어려운 시절이었으나 서로 도우며 살던 때였다.

각박한 세상에 견디려다 보니 소중하고 아름다운 것을 너무 많이 잊고 사는 것은 아닐지.

가난한 농사꾼 출신인 아버님은 사범학교를 나오셔서 주로 산골학교로 다니시며 참 교육과 나눔 그리고 사랑을 실천하셨다. "큰 욕심 부리지 말고 근면하고 정직하게 세상을 살라"고 자주 말씀 하셨지만 왜 그런지 그 말씀이 생각날 때 마다 부끄러운 마음이 든다. 많이 가지고도 더 바라는 과도한 욕심을 부릴 때면 더욱 그렇다.

"육신은 멀지 않아 흙으로 돌아가서 형체가 사라지고 정신도 떠나간다. 잠시 의지하여 머무는 이 몸에 무엇을 탐할까" 법구경에 나오는 말이다.

005 늘 감사하는 삶을 살자

[감사하며 살다 보면 아주 사소한 것에도 고마움을 느끼게 되며 바로 행복으로 연결되는 경험을 한다 해 보라.]

선조들께서는 때때로 내려다보며 사는 것도 잊지 말라 하셨다. 나보다 못한 사람의 처지를 생각하고 또 그들을 도와주는 것도 함께 살아가는 지혜라고 일러주신 것이다.

지금도 병원에서는 시한부 인생을 사는 사람도 많고, 가난에 내몰리어 굶주리며 오도가도 못하는 경우도 많다. 가끔은 사지가 멀쩡한 데에도 힘들다 하면서 구시렁거리는 투덜이를 보면 스스로 안타까운 마음이 들 때가 많다.

오토다케 히로타다의 〈오체불만족〉의 책에서도 주인공은 말 그대로 사지가 없는 사람이다. 그의 긍정적이면서도 상상을 초월하는 삶을 굳이 논하지 않아도 신체적 핸디캡을 딛고도 열심히 사는 사람들이 많다.

나보다 물질적으로나 신체적으로 가지지 못한 사람도 열심히 사는데 우리가 게을러져서는 안 된다. 지금보다 조금 더 힘들다고 하여도 이겨내야 하는 이유가 여기에 있는 것이다.

늘 우리는 무엇인가를 더 가져야 하며 또 다른 욕심을 심히 내며 살고 있지는 않은지 반성해야 한다. 그리고 어떤 상황에서도 긍정적인 마음자세를 유지하며 살아야 한다.

긍정의 힘이 가지는 위력에 대해서는 많은 책들이 알려 주어서 모두가 알고 있을 것이다. 문제는 이를 실천하느냐 하지 않느냐에 달려 있을 뿐이다.

확실하게 긍정의 힘을 길러 주는 것이 있다. 바로 감사하는 마음이다. 늘 감사하면 어떤 것이든 좋게 생각하고 투덜대는 마음을 바로 잡을 수 있다. 굳이 철학적인 사고를 하지 않아도 명언을 새기며 되뇌지 않아도 누구나 알고 있는 사실일 게다.

작은 마음가짐의 변화가 아주 큰 변화를 가져온다. 제임스 윌슨과 조지 켈링의 소위 '깨진 유리창' 이론처럼, 즉 작지만 깨진 유리창을 방치하면 집 전체가 부실하게 보여 재난을 당할 확률이 높아진다는 것과 같이 사소한 것들이 사람들에게 중요한 메시지를 전달한다.

특히 직장에서 그렇다. 상대방에 대해 아주 사소한 것일지라도 악감정을 갖게 되면 전혀 말을 하지 않았음에도 전달이 되어 서로 불편한 상태를 지속하는 것과 같다. 반대로 아주 감사하며, 좋게 생각하면 무엇이든지 좋게 보이고 또 우호적인 관계를 유지하게 된다.

힘들다라고 느낄 때마다 오히려 감사하는 마음가짐을 연습 하도록 하자.

늘 감사하는 마음을 가슴에 지녀야 한다. 지금 가지고 있는 것만으로 행복하지 않다면, 더 많이 갖게 된다고 결코 행복해지지 않는다. 아주 사소한 선물 하나라도 소중히 받아들이며, 누군가의 따뜻한 마음이 담겨 있다는 사실을 깨닫고 항상 감사하는 마음을 가져야 한다.

–비키 킹

성경의 데살로니가전서(5장 16~18)에 다음과 같은 말씀이 있다.

항상 기뻐하라, 쉬지말고 기도하라, 범사에 감사하라.

(Be joyfull, pray continually, give thanks in all circumstances.)

006 연말모임과 결산준비

연말이면 세상을 떠나는가? 다음해를 위한 준비를 하자!

나가자 : 나라와 가정과 자신의 발전을 위하여!

당신멋져 : 당당하게 신나게 멋있게 져 주면서 살자!

개나리 : 개인과 나라와 이웃을 위하여!

상.생 : 서로 도우며 살자!

자우림 : 자, 우리의 님을 위하여!

한참 연말모임이 진행 될 때면 나오는 기상천외 하면서도 톡톡 튀는 건배 구호를 몇 가지 소개했다.

'나가자'라는 구호는 진취적인 모습을 보여 주어 서로가 부담없이 좋아 하는 구호인 듯하다.

'당신멋져'는 의미가 있는 구호다 당당하면서 신나게 멋있게 살되 져 주면서 살자는 의미는 상대방에 대한 배려를 보여 주자는 의미인 듯하다. 동료 간 또 배우자 사이에서도 배려를 통해 더욱 관계를 따뜻하게 하자는 의미가 전해진다.

'상생'은 의미대로 서로 도우며 살자라는 말로서 건배자가 '상'하고 선창하면 나머지는 '생'하고 후창한다.

'자우림'은 인기그룹의 이름을 따서 재미있는 발상을 한듯하다. 개인적으로 아주 좋아하는 그룹이다.

건배구호를 보면 요즘의 음주문화를 엿볼 수 있다. 어려운 시기인 만큼 서로를 위하며 돕자는 의미가 많다. 서로 권하는 맛, 자신이 알아서 주량껏 마시자는 뜻이 함께 배어 있는 듯하다.

어쨌든 한 해 동안 만나지 못했던 학교동문회나 친목모임 및 직장에서 연말 모임이 열리는 시기인 12월 모처럼 만나 한 해를 돌아보며 정리하고 상호 유대관계를 갖는 자리이다.

그런데 우리는 버릇대로 망년회(忘年會)란 말과 송년회(送年會) 란 말을 동시에 사용한다. 어떤 차이가 있을까?

잊을 망을 쓰는 망년회는 한해를 잊고 새 출발을 다짐하자는 의미일 것 같고, 보낼 송자를 쓰는 송년회는 한해를 보내는 아쉬움을 함께 하고 새로운 한 해를 맞자는 의미일 것도 같다.

그런데 돈과 관계 되는 의미에서는 약간 차이가 나는 듯하다. 자신도 무의식적으로 사용하는 용어이지만 한해의 돈벌이가 목표에 비해 잘 되지 않았던 경우에는 잊을 망을 쓸 것 같고 그래도 나름대로 목표를 이룬 돈벌이가 되었던 해는 보낼 송자를 쓸 것 같다.

한 해를 보내면서 이제 며칠 남지 않는 상황에서 그간의 목표의식을 상실하고 무리를 하는 경우가 종종 있다. 우리는 이것을 경계해야 한다. 자칫 자기기분에 빠지는 경우 걷잡을 수 없는 낭비로 이어지기 때문이다.

세계적으로 우뚝 선 한국의 모기업은 아예 다음 해의 전략을 11월에 마무리 하고 12월은 당 해 년도의 결산에 전념하며 차분히 새해를 맞을 준비를 한다고 알려져 있다.

우리도 다음 해의 목표를 11월에 정해 놓자. 그래야 여유도 생기고 12월 모임에 자신의 마음을 단단히 붙들어 맬 수 있어 돌출행동을 막을 수 있지 않을까?

그래야 목표 없이 헤매는 사람들 보다 훨씬 차분해 지고 새해의 계획을 되새기며 준비를 하기 때문에 괜한 기분에 낭비를 줄일 수 있다.

이제 우리도 바꿔 보자 새해가 되어서야 새로운 목표를 세우느라 분주해지지 말고 미리 계획하며 차분히 연말연시를 맞아 보자.

007 이제 다시 한 번 생각해 보자

다시 한 번 생각해 볼 때는 반드시 거울을 보아라. 거울에 비친 자신의 모습이 어떤 모습일지를 상상 하면서, 멍청이를 보게 될 것인지, 참 부자를 보게 될 것인지

사회 초년생을 위해 돈에 대한 자세 및 직장생활에서 발생 가능한 이야기와 또 자녀문제 등 여러 가지 수다를 떨었다. 사회에 첫 걸음을 내딛은 꿈 많은 새내기에게 그 동안의 수다를 종합하여 다시 한 번 충고를 해 본다.

우선 초보자로서 겸손한 자세로 세상을 바라보아야 하며, 주변의 많은 경험을 토대로 자신에게 맞는 재테크 원칙과 소신을 세우고 늘 이를 실천하는 자세로 생활해야 한다는 점을 부탁드리는 바이다.

워랜버핏도 "부자가 되기 위해 남들을 그대로 모방하기 보다는 스스로 생각할 수 있어야 한다."고 했다.

너무 귀가 얇아 이리 쏠리고 저리 쏠려서도 안 되지만 경험자의

말을 무시해서도 안 된다. 늘 자신을 돌아보아 잘못된 점을 반성하여 새롭게 마음을 다져야 한다는 것이다.

설사 뜻하지 않게 돈을 벌었어도 자중하며 까불지 말 것을 주문하는 바이다. 축하해 주기보다는 손을 벌리거나 시기하는 경우가 훨씬 많기 때문이다. 또 그로 인해 자신감이 충만해져 섶을 지고 불 속으로 뛰어드는 우(愚)를 범할 수 있기 때문이다.

어느 날 젊은 교육생 중에 부동산 투자로 인해 많은 돈을 벌었다며 자랑을 하는 소리를 들었다. 옛 생각이 불현듯 나서 그 교육생에게 많은 충고를 해주었다. 지금은 그나마 부동산 경기가 좋은 편이니 절대 과한 투자를 하지 말 것과 투자하여 벌은 돈은 안전자산에 분산하여 안 좋을 때를 대비하여야 한다는 등의 말을 해 주었다. 물론 들떠 있는 그에게는 귀에 들어 올 리가 없었다. 그 후 미국 발 금융위기의 후 폭풍으로 부동산가치가 떨어졌고, 그 역시 과투자로 인해 승승장구하던 모습은 찾아 볼 수 없었다. 그와 같은 시기에 지인의 경우도 부동산을 통해 많은 재산을 일궜다며 술을 사기에 몇 가지 충고를 해주었다. 역시 그도 마찬가지였다. 자신의 일은 자신이 더 잘 아니까 소위 쓰잘떼기 없는 소리 말라며 오히려 나를 안심시키려 노력하였다. 물론 그도 지금은 너무나 초라한 신세가 되었다. 투자했던 부동산에 대한 대출 이자를 내지 못해 경매로 넘어갔다. 그 때 대부분의 자산을 안전자산으로 이동시키고 꼭 필요한 만큼만 투자를 했더라면 지금은 오히려 불경기에서 유유히 투자처를 물색하는 여유를 갖게 되었을 거라며 때늦은 후회를 했다.

영리한 토끼는 세 개의 굴을 파놓는다는 교토삼굴(狡兎三窟)의 지혜를 잊지 않았다면 소위 잘 나갈 때 주위를 더 경계 했어야 하는 것이다.

"누가 이러이러해서 엄청 벌었다"는 소리 보다는 "누가 저러저러해서 까먹었더라"라는 하소연을 더 들어주길 바란다. 그래야 실패하지 않는다. 왜냐하면 까먹은 방향으로는 절대로 하지 않을 것이기 때문이다. 그리고 한 번의 실패로 다시 재기하기가 정말 힘들며 잘못하면 주저앉아 일어설 수 없기 때문이다.

어느 날 문득 하늘을 한 번 쳐다보라. 그 세상 아래 그 하늘을 보는 이는 당신 혼자뿐이다. 당신이 발을 딛고 서있는 그 땅 위에는 자신의 발 밖에 없기 때문이다.

외롭지 않게 평생을 살려면 처절하면서도 힘차게 돈을 벌기 바란다. 돈이 없으면 그 외로움이 배가 되기 때문이다.

어쩌면 우리의 인생은 정말 고독하고도 힘든 삶일 것이다. 그러기에 외로워지지 않으려고 사랑하며, 감사하며, 겸손하며, 늘 긍정적으로 살려고 노력하는 것이다. 그와 더불어 꿈과 열정을 가져야 함은 물론이다.

화살의 속도와 견주는 빠르게 지나가는 삶이다. 그렇다고 해서 일모도원(日暮途遠) "해는 저무는데 갈 길은 멀다"는 말처럼 조급해 하지는 말아 달라. 평생을 보고 계획하고 차근차근 올라가길 바란다.

길지 않은 삶 속에서도 즐겁게 노력하는 것은 물론 알뜰하게 벌고, 사회에 진정 나눔을 실천함으로서 "**돈 많은 부자들이 부러워하는 소박하면서도 행복한 진짜 부자**"가 되길 바란다.